心理学の基礎

山田一成
谷口明子
編著

原島雅之
樋口　収
下田俊介
武田美亜
竹橋洋毅
本田周二
小林麻衣
大久保暢俊
小林孝雄
浅野憲一

八千代出版

はじめに

　本書『心理学の基礎』は、はじめて心理学に出会う人たちのために書かれた入門用の教科書である。

　心理学は不思議な魅力を持つ学問であり、多くの人たちの興味の対象となっている。また、学生たちの心理学に対する関心や期待も高く、大学時代に学んでみたい学問の1つとして、心理学があげられることも多い。

　ただし、心理学がカバーする領域は大変広く、研究対象も多岐にわたっている。また、そのため、自分が持っていた心理学のイメージと、学問としての心理学との間に、距離を感じる学生も少なくないようである。

　しかし、入門用の教科書に求められることは、領域全体を網羅することではない。また、特定のテーマを論じ尽くすことでもない。大事なことは、はじめて心理学に出会う人たちに、学問としての心理学に触れてもらい、知的な驚きを体験してもらうことである。

　本書では、そうした考えに基づき、人間を見つめ直すために、そして、人間をより深く理解するために、人間の心と行動の科学である現代心理学のなかから12の代表的な研究領域を選定した。また、各領域では、先端の研究や論争よりも、すでに多くの研究者に共有されているスタンダードな内容を取り上げるようにした。

　もちろん、新しい発見や白熱した議論も大変魅力的であり、そこには傾聴すべき内容もたくさん含まれている。しかし、そうした内容の真偽や是非について、自分自身で考え、自分で答えを出すためには、それ以前に知っておかなくてはならないことがある。本書で伝えようとしたのは、そうした心理学の基盤となる知識や考え方である。

　人間とは、どのような生き物なのか。人間と人間は、どのように関わり合うのか。そして、どうしたら、自分や現実と、もっとうまくやっていくことができるのか。読者には、本書から吸収した知識や考え方に基づいて、知的

好奇心の幅を広げ、自分自身の人間観と社会観を深めていただければと思う。

　なお、本書の巻末には、初学者向けの読書案内も用意されている。本書を読んだ後、その少し先が気になったら、リストに従って次の1冊を開いてみてほしい。そこには、今までとは少し違う自分と、新しい世界が広がっているはずである。

　本書が心理学の礎の1つとなり、多くの人材を育てられることを、心から願っている。

　なお、本書の企画から刊行に至るまで、その道のりは決して平坦ではなかったが、その間、八千代出版の森口恵美子代表取締役には、ずっと私たちを見守り、支えていただいた。心より御礼を申し上げる次第である。

2014年11月

山田一成
谷口明子

目　　次

はじめに

1章　感覚と知覚 —————————————————————— 1
1. 錯　　視　1
2. 形の知覚　5
3. 文脈効果　7
4. 奥行きの知覚・動きの知覚　8
5. 知覚するということ　11

2章　記　　憶 —————————————————————— 15
1. 記憶のしくみ　15
2. さまざまな記憶の種類　20
3. 記憶は再構成される　23

3章　感　　情 —————————————————————— 29
1. 感情とは何か　29
2. 個体「内」現象としての感情の働き　35
3. 個体「間」現象としての感情の働き　38
4. 感情の生得性　40

4章　思考と知能 —————————————————————— 43
1. 問題解決と推論　43
2. 判断と意思決定　47
3. 知能とは何か　51
4. 知能検査　54
5. 知能の遺伝と環境の影響　56

5章　学　　習 —————————————————————— 59
1. 古典的条件づけ　59

2. オペラント条件づけ　62
　3. 認知的な学習　67
　4. 技能学習　69

6章　モチベーション ───── 73
　1. モチベーションの基礎　73
　2. 目標達成の価値　74
　3. 目標達成への期待　77
　4. 目標設定　80
　5. 自己制御　83

7章　心の発達 ───── 87
　1. 発達のとらえ方　87
　2. 発達の規定因　91
　3. 発達の代表的理論　93
　4. 発達支援　97

8章　パーソナリティ ───── 101
　1. パーソナリティとは何か　101
　2. パーソナリティをとらえる諸理論　103
　3. パーソナリティの測定法　108
　4. パーソナリティにおける遺伝の役割　110

9章　社会的認知 ───── 113
　1. 他者に対する認知　113
　2. 集団に対する認知　116
　3. 自己に対する認知　118
　4. 社会的認知の「自己中心性」　119
　5. 潜在認知　121

10章　社会的影響 ───── 125
　1. 社会的動物としてのヒト　126

2. 社会的促進　128
　3. 要請と応諾　129
　4. 同　　　調　131
　5. 服　　　従　132
　6. 傍　　　観　135

11章　心のケア──────────────────139
　1. 精神分析・精神力動論　139
　2. 行動療法・認知行動療法　143
　3. クライアント中心療法　147

12章　心の健康──────────────────153
　1. 心の健康とは何か　153
　2. ストレスのメカニズム　154
　3. ラザルスのストレス理論　156
　4. 心の健康のために　160

読 書 案 内　165
人 名 索 引　173
事 項 索 引　175

1章　感覚と知覚

　愛犬といっしょに暮らしたことがある人は、犬笛の話を聞いたことがあるかもしれない。犬笛とは、犬を訓練したり犬と遊んだりするときに使う笛のことであるが、この笛は少々変わっていて、犬には聞こえるけれど人間には聞こえない音を出すことができる。

　犬の可聴範囲は人間のそれより高い周波数帯にまで広がっており、犬は人間が感じ取ることのできない音の世界を生きている。そして、こうした事態を犬の方から見れば、人間の聴覚は犬の聴覚にはるかに劣る、ということにもなるだろう。人間は、この世界の全てを生きることを、許されてはいない生き物なのである。

　本章では、そうした人間の感覚・知覚のなかから、特に視覚を取り上げ、それが本当はどんなものだったのか、改めて考えてみることにしよう。

1. 錯　　視

　化物の正体見たり枯尾花。江戸時代の俳人・横井也有の俳文集『鶉衣』に収められている一句である。今では、幽霊の正体見たり枯れ尾花、ということわざとして広く知られており、目の錯覚を取り上げたという点でも、大変有名な一句である。

　こうした目の錯覚のことは、心理学では錯視と呼ばれるが、人間の錯視は、何も化物や幽霊といった怪しいものに限られるわけではない。むしろ単純な幾何学図形であっても、はっきりと錯視を体験できることが知られている。

まず、図1-1を見てほしい。縦線と横線は同じ長さだが、縦線の方が長く見える。この錯視はフィック錯視と呼ばれる（このように、錯視には発見者の名前が付けられていることが多い）。

　また、図1-2では上下に2つの図形があり、水平線の長さはどちらも同じである。しかし、それがわかっていても、やはり、矢羽根が内向きの内向図形（上）よりも、矢羽根が外向きの外向図形（下）の方が、水平線が長く見える（ミュラー・リヤー錯視）。

　図1-3は、隣り合った2つの平行四辺形のそれぞれに対角線が引かれた図形である。実は、2つの対角線は同じ長さなのだが、大きい方の平行四辺形のなかに引かれた対角線の方が長く見える（ザンダー錯視）。

　さらに、図1-4では、2つの扇型が上下に並んでおり、下側（内側）の方

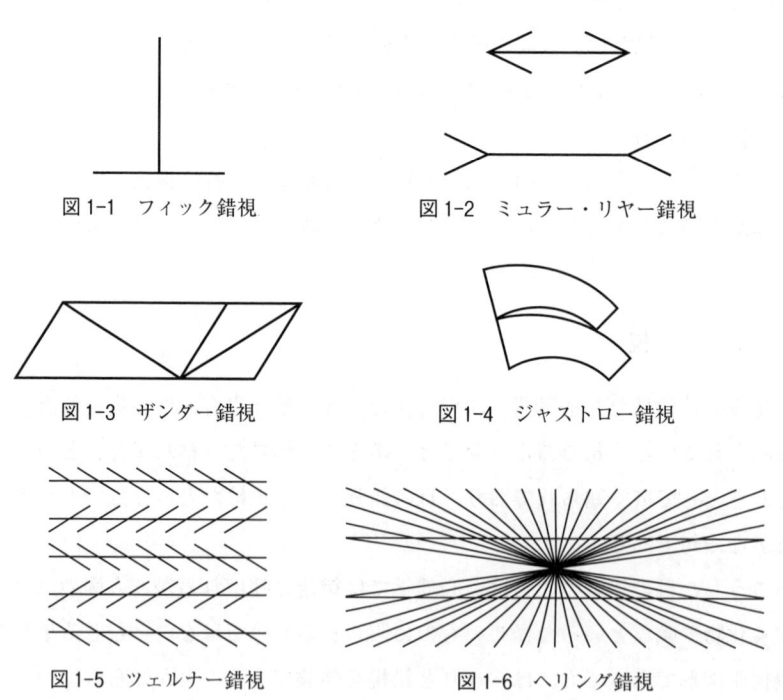

図1-1　フィック錯視　　　　図1-2　ミュラー・リヤー錯視

図1-3　ザンダー錯視　　　　図1-4　ジャストロー錯視

図1-5　ツェルナー錯視　　　図1-6　ヘリング錯視

が大きく見えるのだが、驚いたことに、両者はまったく同一の図形である。（ジャストロー錯視）。

なお、以上の錯視は大きさに関わるものであったが、錯視は大きさとだけ関わるわけではない。以下で示すように、形に関わる錯視も数多く知られている。

まず、図1-5を見ると、5本の横線がそれぞれやや傾いて見えるが、実は、これらは全て平行である（ツェルナー錯視）。

また、図1-6では、横に長い2本のゆるやかな曲線が見えるが、それらは直線であり、平行線である（ヘリング錯視）。

そして、図1-7を見てほしい。この図は渦巻きの図であるように見えるが、実は、この図に書かれているのは同心円である（フレイザー錯視）。信じられないという人も多いと思うが、この図をコピーして、実際にペンやマーカーで「渦巻き」をなぞり、それが本当に渦巻きかどうか、自分自身の目で確かめてみてほしい。

さらに、明るさに関わる錯視も紹介しておこう。図1-8では白い線が格子状をなしているが、線と線が交わる部分がぼんやりとした灰色に感じられるはずである（ハーマン格子錯視）。しかし、いうまでもないことだが、そこには

図1-7　フレイザー錯視

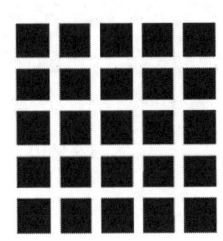

図1-8　ハーマン格子錯視

1章　感覚と知覚　3

図1-9　きらめき格子錯視（Schrauf et al., 1997 より作成）

図1-10　蛇の回転（北岡明佳，2003年制作）
各円盤はひとりでに回転して見える。

何も塗られておらず、格子の他の部分と同じように白色である。

　また、図1-9も格子状の図形であるが、視線をいろいろな場所に移動させながら眺めると、何が見えるだろうか。灰色の格子の交差部分には白い円が

描かれているだけなのだが、そこに、はっきりとした黒い点が表れたり消えたりして、まるで点滅しているように見えるはずである（きらめき格子錯視）。この錯視は1997年に発見された比較的新しいものであり、見る人に強い印象を与える錯視の1つである。

　最後に、静止した図形が動いて見える錯視を紹介しよう。図1-10は「蛇の回転」と呼ばれる錯視図形であるが、その名称通り、ダイナミックな錯視が体験できるはずである。なお、図1-10はモノクロ版であるが、図形の作者である北岡明佳教授のホームページではカラー版も見ることができる。是非、参照してほしい。

　以上のように、錯視は大変楽しく、また、不思議な面白さを持ち、視覚について考えるうえでも非常に興味深い現象である。しかし、ここではその学問的な意味づけを急がず、もうしばらく、いろいろな視覚体験について考えてみることにしよう。

2. 形の知覚

　夜空を見上げると星座が見える。空気の澄んだ冬の夜空なら、オリオン座だけでなく、冬の大三角形も見つかるはずだ。しかし、そうした星々は、本来バラバラに散らばった存在であり、地球からの距離もそれぞれ異なっている。にもかかわらず、どうして人間には、それらの星々がまとまって見えるのだろうか。

　もちろん、「探したから」というのも1つの答えである。しかし、小さな子どもがひとりで冬の大三角形を発見したときなどは、探したからまとまりが見えた、というわけではない。むしろ、人間には、近い星々や明るい星々が自然にまとまって見えてしまう、というべきだろう。

　心理学では、このような知覚上のまとまりを**群化**と呼ぶ。群化には法則性があり、ゲシュタルト心理学の創始者であるウェルトハイマーは、群化の要因として以下の①～⑦をあげている。

1章　感覚と知覚　5

① 近接の要因： 距離が近いものどうしは、遠いものよりも、まとまって見えやすい（図1-11は、「〇〇」が3つと、両端に「〇」が1つずつ、といった状態に見える。「〇　〇」が4つ、といった状態には見えない）。色などの他の条件が同じなら、距離が重要なのである。

② 類同の要因： 距離が同じであっても、形・色・大きさなどが類似したものどうしは、そうでないものよりも、まとまって見えやすい（図1-12）。

③ 閉合の要因： 閉じた形を形成するものどうしも、まとまって見えやすい（図1-13の下段のように、近くにあっても閉じる形をなさないものどうしは、まと

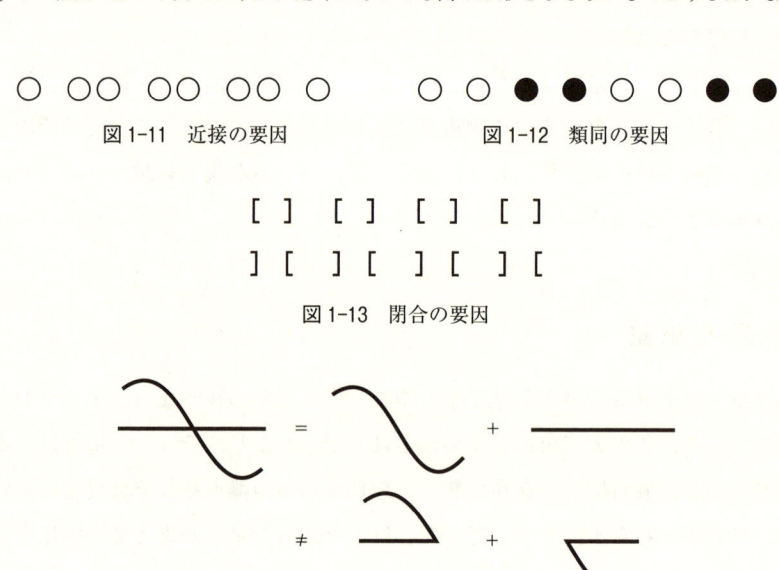

図1-11　近接の要因　　　　　　図1-12　類同の要因

図1-13　閉合の要因

図1-14　よい連続の要因

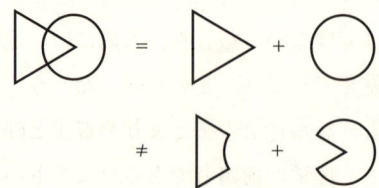

図1-15　よい形の要因

まって見えにくい)。

④　よい連続の要因：　なめらかにつながっているものは、そうでないものよりも、まとまって見えやすい（図1-14）。

⑤　よい形の要因：　単純で規則的な形にまとまって見えやすい（図1-15）。

⑥　共通運命の要因：　同時に同じ方向に動くものどうしも、まとまって見えやすい。

⑦　経験の要因：　あるまとまりを何度も経験すると、他のまとまりよりも、まとまって見えやすくなる。

このように、人間の知覚は、できるだけ簡潔なものとしてまとまる傾向があると考えられている。

3. 文脈効果

前節で見た「まとまり」の知覚は、知覚対象の物理的な特性によって決まる知覚であった。しかし、知覚のなかには、対象の特性だけでなく、対象のまわりの状況や、知覚する者の知識や期待といった要因の影響を受けるものもある。

図1-16を見てほしい。THE CAT という英語のように見えるが、よく見ると、TとEの間にある文字と、CとTの間にある文字は、まったく同じ記号であり、HであるようにもAであるようにも見える。にもかかわらず、TとEの間にあるものはH、CとTの間にあるものはAに見えてしまう。

このような知覚は、アルファベットや単語や冠詞といった、私たちの英語

図1-16　アルファベットによる文脈効果
　　　　（Selfridge, 1955 より作成）

図1-17　アルファベットと数字による
　　　　文脈効果（Kay, 1989 より作成）

1章　感覚と知覚　　7

の知識に基づいて起こるものだと考えられている。ということは、英語の知識がまったくない人にとっては、そうした知覚は起こらないと考えられる。

また、図1-17はどうだろうか。縦に見ると「12、13、14」に見えるが、横に見ると「A、B、C」に見える。中央の記号が同じものであるにもかかわらず、そう見えるのである。ここでも、周囲の状況から、縦に見るときは数字として、横に見るときはアルファベットとして知覚していると考えられる。

このように、人間の知覚が状況や知識・期待の影響を受けることは**文脈効果**と呼ばれる。こうした効果があるからこそ、私たちは、文字を流れるように読むことができるのだが、同時にそれは、誤字脱字を見逃すことにもつながっていると考えられる。

なお、以上の例のように、知覚に先行する知識が知覚に影響するような情報処理のことは**トップダウン処理**と呼ばれる。これに対し、先行する知識の影響を受けず、あくまで対象となるものの感覚の処理から始まる情報処理のことを**ボトムアップ処理**と呼ぶ。先にあげた幾何学的な錯視図形は、それが錯視図形であることを知った後でも見え方が変わることはないため、ボトムアップ処理による知覚であると考えられる。

4. 奥行きの知覚・動きの知覚

今ここに、遠くにそびえる連峰を写した写真や、建物の奥まで続く長い廊下を描いた絵画があるとしよう。私たちは、そのどちらにも、空間的な広がりを感じるはずである。しかし、写真や絵画は2次元なのに、どうして人間は、そこに3次元的な奥行きを感じ取ることができるのだろうか。

実は、人間は、さまざまな情報を手がかりにして、2次元的なものから奥行きを知覚している。また、そうした手がかりには、目の構造に関わるような生理的要因と、作画技術に関わるような心理的要因があるのだが、ここでは特に、心理的要因について解説しよう。

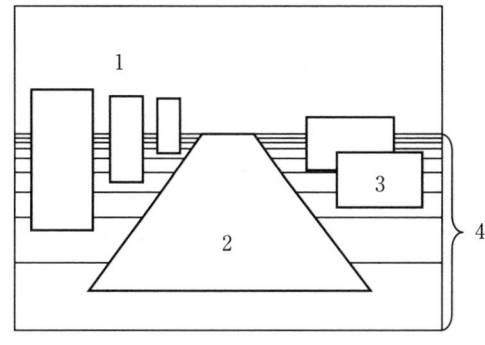

図1-18　奥行き知覚（Hochberg, 1964より作成）

1　網膜像の大きさ
2　線遠近法
3　重なり合い
4　きめの勾配

奥行き知覚の心理的要因としての手がかりには、以下の①～⑥のようなものがある（①～④については図1-18の対応箇所を参照）。

①　網膜像の大きさ：　すでに大きさを知っているものの場合、像が小さいと遠くにあるように知覚される。大小遠近法ともいわれる。

②　線遠近法：　2本の線路が自分から遠ざかるようにまっすぐ延びていて、最後は1点に収束するように見える場合のことを想像してほしい。そのように、既知の平行線が遠くの消失点に向かって伸びている場合、平行線の間隔が広いと近くに、狭いと遠くにあるように知覚される。

③　重なり合い：　重なり合いがある場合、覆い隠しているものは近くに、覆い隠されているものは遠くにあると知覚される。

④　きめの勾配：　タイルや砂利や草原など、一様にものが広がっている場合、きめ（肌理）の密度が荒いものは近くに、細かいものは遠くにあると知覚される。

⑤　濃淡：　はっきりしたものは近くに、ぼんやりしたものは遠くにあると知覚される。大気遠近法ともいわれる。

⑥　陰影：　影の付き方で対象の凹凸が知覚される。たとえば、図1-19の左側の図の円は、影が下にあるので膨らんで見え、右側の図の円は、影が上にあるのでへこんで見える（実は、左側の図を180度回転させたものが右側の図

1章　感覚と知覚　9

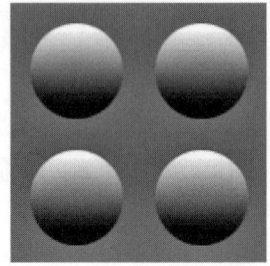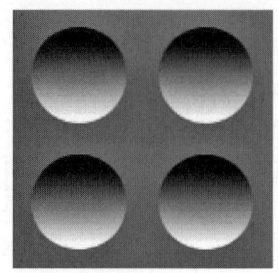

図 1-19　陰影による奥行き知覚
（Ramachandran, 1988 より作成）

である）。

　なお、日常生活では、以上の①〜⑥のような要因が同時に作用し合い、3次元的な奥行き知覚が生じていると考えられている。

　続いて、物理的には動いていないものが、人間には動いて見える現象について考えてみよう。

　まず、物理的に動いている対象が動いて見えることは、**実際運動**と呼ばれる。当たり前のことのように思われるかもしれないが、月や星、遠くに見える雲、時計の短針など、その動きがあまりに遅いときには動きは知覚されない。また、逆に、扇風機の羽根のように、その動きがあまりに速いときにも動きは知覚されない。このように、実際運動には一定の条件があり、その詳細については生理学的な説明がなされることになる。

　これに対し、動いていないものが動いて見えることもある。たとえば、絵心のある学生が教師の目を盗み、教科書の隅に1頁ずつ少しだけ違う絵を描いて、一気にめくるとどうなるか。そのとたん、絵は生き生きと動き始めることになる。パラパラマンガ（アニメーション）の誕生である。

　このように、人間は、静止画が経時的に少しずつ違っていると、そこに運動を知覚してしまう。パラパラマンガだけでなく、踏切の警報信号やビルの電光掲示板など、光の点滅に過ぎないものが動いて見えるのも同じ現象である。心理学では、そのような現象を**仮現運動**と呼ぶが、ここで重要なのは、

2点の点滅という物理的な現象から、移動という質の異なるものが知覚されているという点である。

なお、静止したものが動いて見える現象には、仮現運動のほかにも次のようなものがある。

まず、電車に乗って発車を待っているとき、向かいの電車が反対方向に動き出したとたん、自分が乗っている電車が発車したように感じられることがある。このような場合は、知覚の枠組みが向かい側の電車であったため、相対的に、自分の乗っていた電車の方が動いたように感じられたのだと考えられる。このような動きの知覚は**誘導運動**と呼ばれる。

また、暗闇のなかにぽつんと光る灯りをじっと見ていると、止まっているはずの灯りが、さまざまな方向に動いて見えることがある。これは、光の周囲に知覚の枠組みとなるものがないために起こる現象であり、このような動きの知覚は**自動運動**と呼ばれる。

5. 知覚するということ

盲点という言葉を知らない人はいないだろう。日常会話では「誰もが見落としていた論点」といった意味で使われる言葉である。しかし、心理学でいう**盲点**は、網膜上にある「光を受容する細胞がない領域」のことである（視神経が眼球の外へ出て行く部分に当たる）。そうした盲点は誰の目にも存在するし、その存在は簡単に体験することができる。

今ここで、図1-20を見ながら、右目を閉じ、左目の前に×印が来るよう

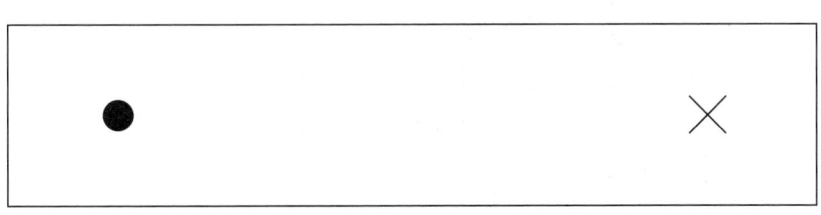

図1-20　盲点を体験する方法

にしてみてほしい。そして、本書を顔から遠ざけたり近づけたりしているうちに、ある距離で●印が見えなくなるはずである。そのとき、●印から出た光は左目の盲点に投影されており、そのため、見えなくなっているのである。

　もちろん、こうした体験は、多くの人にとってはじめてのものではないだろう。しかし、これまで、そうした体験の学問的意味について考えたことはあっただろうか。人間に共通する正常な欠損の存在を知り、それを受け入れたときから、自分という生き物への見直しが始まる。そしてそこから、人間に対する本当の理解が深まっていくのではないだろうか。

　そのような意味では、「見えない」ことだけでなく、「見える」ということの見直しも必要となってくるのだが、実は、ここまでの解説は、そうした見直しのための準備作業だったのである。

　では、「見える」ということは、どのような事態として理解されるべきなのか。

　まず、図1-21を見てほしい。ルビンの壺と呼ばれる図形である（ルビンの杯ともいわれる）。この図形は壺として見ると、白い部分が壺（**図**）となって見え、黒い部分はその背景（**地**）となって見える。しかし、この図形を向かい合う2人の横顔として見ると、黒い部分が横顔（図）、白い部分がその背景（地）となって見える。図形自体には何の変化も起こっていないのだが、

図1-21　ルビンの壺

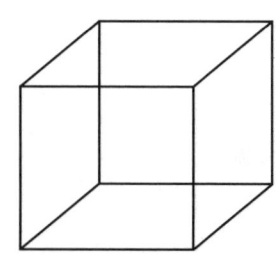
図1-22　ネッカーの立方体

図 1-23　カニッツァの三角形

白い部分と黒い部分のどちらに注目するかによって、見え方が反転してしまうのだ。

　また、図 1-22 はどうだろうか。ネッカーの立方体と呼ばれる図形であり、その名の通り立方体が見えるはずだが、視点を図形のあちこちに移動させているうちに、立方体の伸びている方向が変化して見えるはずだ。

　こうした図形は**反転図形**と呼ばれるが、そうした視覚体験から直ちに理解されるように、私たちの視覚は外界の写しではなく、脳によって解釈された結果なのである。

　さらに、図 1-23 はカニッツァの三角形と呼ばれる図形であり、その名の通り中央に三角形が見えるが、その三角形の輪郭はどこにも存在しない。輪郭はあくまで主観的なものなのである（それゆえ、**主観的輪郭**と呼ばれる）。しかも、中央の三角形は周囲の背景よりも明るく見えるが、三角形も背景も物理的に同じ状態であることはいうまでもない。

　このような知覚体験もまた、私たちが外界をそのまま知覚しているわけではないことを教えてくれる。人間の知覚体験は、外界から入力された情報を脳で処理した結果なのである。

　そして、このような説明を経ることで、ようやく私たちは、知覚と感覚の違いを理解することができる。

まず、人間は、目や耳などの感覚器官を通して、環境や自己に関する情報を取り入れているが、このような刺激の受容が**感覚**である。感覚には、視覚、聴覚、嗅覚、味覚、皮膚感覚の5つがあるが、現在の心理学では、これに、運動感覚、平衡感覚、内臓感覚を加えるのが一般的である。なお、こうした感覚のなかでは視覚の持つ比重が圧倒的に大きく、大脳皮質の半分は視覚に使われると考えられている（本章で主に視覚を取り上げたのも、そのためである）。

　しかし、ここまで見てきたように、人間は環境や自己に関する情報を受容するだけでなく、取捨選択したり複雑に処理したりして、環境や自己を意味あるものとして知覚している。そのような意味では、感覚に脳が意味づけを行った結果が**知覚**である、ということができる。もちろん、感覚と知覚の差は相対的なものであり、いつでも明確に区別できるとは限らない。しかし、大まかになら、感覚は知覚の基礎だといってもよいだろう。

　これまで、自分は世界を目で見ていると思っていた人もいるかもしれないが、実は、人間は、世界を脳で見ている生き物である。いや、むしろ、脳が世界を生み出している、といった方がいいのかもしれない。そして、そうした言葉の意味を理解したときに、そこではじめて、感覚と知覚の本当の意味と、その研究の意義が実感されることになる。

引用文献

Hochberg, J. E. (1964). *Perception*. Englewood Cliffs, NJ: Prentice Hall Inc.
Kay, K. (1989). *Take a closer look!: The big book of optical illusions and oddities*. 2nd ed. Bolton: Bright Intervals Books.
Ramachandran, V. S. (1988). Perception of shape from shading. *Nature*, 331, 163-166.
Schrauf, M., Lingelbach, B., & Wist, E. R. (1997). The scintillating grid illusion. *Vision Research*, 37, 1033-1038.
Selfridge, O. G. (1955). Pattern recognition and modern computers. *Proceedings of the 1955 Western Joint Computer Conference*, 91-93.

（山田一成）

2章　記　　憶

　記憶はよくビデオやコンピュータのような記録装置にたとえられる。しかしながら、試験勉強のときに何回覚えようとしてもなかなか頭に入らない単語や年号がある一方で、努力なしにすぐに覚えられる単語や年号があったりする。また、そもそも特に覚えたつもりもないような出来事や人物のことをある日突然思い出したり、友人や家族と一緒に同じ出来事を経験したにもかかわらず、微妙に（時に大幅に）その記憶が異なっていたりすることなどもある。

　このように、人間の持つ記憶は必ずしも機械的なものとは言い難い。それは私たちがある出来事や事柄を単にそのまま「記憶する」というよりは、詳しく後に述べるように、それらの「記憶を作り上げていく」ことに起因している。

　それでは私たちはどのようにしてさまざまな物事を覚え、そして思い出す（あるいは忘れてしまう）のだろうか。心の働きとしての記憶のメカニズムについて見ていこう。

1．記憶のしくみ

(1)　記 憶 と は

　心理学において、記憶は主として記銘・保持・想起の３つの段階からとらえられることが多い。まず最初の**記銘**とは、対象となる情報を覚える段階であり、記銘によって情報は記憶のなかに取り込まれる。そしてそのように入

力された情報を頭のなかに保存しておく段階が**保持**と呼ばれる。最後に保存されている情報を思い出す段階が**想起**である。たとえばレポートを作成するときに、書くべき内容を文字としてパソコンに入力し、それをファイルとして保存し、必要なときに再びそのファイルを探し出して開く、という一連の流れをイメージしてみるとよいかもしれない。このように、記憶の働きはコンピュータの機能になぞらえると理解しやすく、記銘・保持・想起の3つの段階は、しばしば**符号化・貯蔵・検索**といった情報処理の分野における用語を使って呼ばれることもある。

　それでは記憶はどのように情報を頭のなかに蓄えているのだろうか。記憶が単一の保存場所（貯蔵庫）からなるのか、それとも複数の貯蔵庫から構成されるのかについては古くから検討が行われてきた。さまざまな記憶に関する研究から、現在では少なくとも**感覚記憶**、**短期記憶**、**長期記憶**の3つのシステムから成り立っていると考えられている（図2-1）。まず外界からの情報は、それぞれに適した感覚器官によって処理がなされるが、その処理に当たって各感覚に固有の貯蔵庫に情報がいったん保持される。感覚器官には常に膨大な量の情報が入力され続けているため、感覚記憶自体の保持時間はきわめて短く（1秒～2秒程度）、ほとんどの情報は一瞬で更新されてしまう。このうち、必要なわずかな情報だけが短期記憶に送られ、さらに長期記憶へと転送されていくことになる。

　したがって、私たちが何かを覚えたり思い出したりするのは、主にこの短期記憶と長期記憶の働きによるものと考えられるため、図2-1のような記憶のとらえ方を**二重貯蔵モデル**と呼ぶこともある。それでは次にそれぞれの記

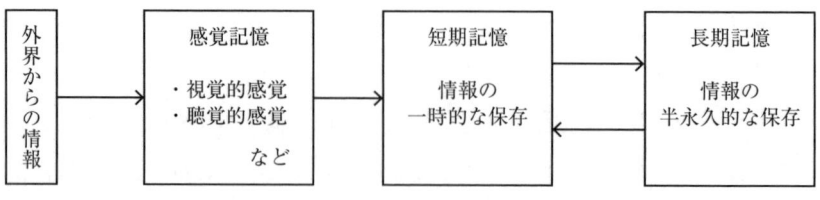

図2-1　記憶の二重貯蔵モデル（Atkinson & Shiffrin, 1968 より作成）

憶システムの具体的な特徴について見ていくことにしよう。

(2) 短期記憶

たとえば、「47382」という数字の並びを覚える場合と、「2983115877」という数字の並びを覚える場合とを比べてみると、明らかに後者の方が難しく感じられる。また、前者についても覚えること自体はそれほど難しくないが、この本を閉じて数時間後に思い出そうとするのは難しいかもしれない。これは私たちが持つ短期記憶システムの特徴であり、一度に保持できる情報の量と時間のどちらにも限界があることを示している。

まず、一度に覚えることのできる数、つまり短期記憶の容量は$7±2$個程度であることが知られている（Miller, 1956）。先ほどの数字の並びの例を再びあげると、「47382」は5個の数字からなり、「2983115877」は10個の数字からなっていたことから、後者は容量を超えていたために覚えることが難しかったと考えることができる。しかし短期記憶の容量は単純に数字や文字の数によって制限されるというわけではない。たとえば「2983115877」を「ニク、ヤサイ、イチゴ、バナナ」というように語呂合わせをしてみると、覚えるのは驚くほど簡単になる。このように、短期記憶が保持できる数は意味的なまとまりを持つ情報の単位（チャンクと呼ぶ）によっている。したがって、10個の数字の並びを4個の単語の並びとしてとらえ直すことによって短期記憶の容量は節約することができる。このように情報を圧縮するような符号化の仕方は**チャンキング**と呼ばれている。

次に短期記憶のもう1つの特徴である、情報を保持できる時間の限界について見ていこう。短期記憶はその名に示されているように、あくまで一時的な情報の保存を担っており、何もしなければきわめて短い時間（30秒程度）で情報は失われてしまう。しかしながら、たとえば数字の並びを覚えようとするときに、「よん、なな、さん……」などのように数字を頭のなかで何度も読み上げたり、あるいは実際に口に出して反芻することによって短期記憶にその情報を保持し続けることができる。このような心的作業を**維持リハーサル**と呼ぶ。

2章 記　憶　17

ただし、この維持リハーサルの役割はあくまで情報を短期記憶に留めておくことであり、いったんそれを止めてしまえばその情報はすぐに失われることとなる。そこで、より長時間の記憶を行う、つまり短期記憶から長期記憶へと情報を転送するには**精緻化リハーサル**と呼ばれる別の作業が必要となる。精緻化リハーサルとは意味的な処理を指し、覚えようとする対象を既存の知識と関連づけたりすることで、より深い精緻な処理を行おうとするものである。たとえば先ほど述べた数字の語呂合わせは、単純に情報を圧縮してチャンクの数を少なくするというだけでなく、数字の羅列を単語の並びに置き換えて意味的な処理を可能にすることで、より記憶を定着させやすくする方略として考えることができる。

このように、短期記憶は長期記憶へ情報を転送するまでの単なる一時的な保管場所というわけではない。そこでは、すでに長期記憶に蓄えられていた知識などを利用して、意味づけや解釈といったさまざまな心的操作が常に行われている。そのような観点から、近年では短期記憶を私たちの思考や推論といった認知的作業の中心的な場としてとらえ、**ワーキングメモリ**（作動記憶もしくは作業記憶）と呼ぶことが一般的になりつつある。

(3) 長期記憶

短期記憶との違いとして、長期記憶はその容量に明らかな制限はなく、膨大な情報が保存可能であり、また情報が保持される時間にも特に限界はなく半永久的な貯蔵がなされると考えられている。ただし、そのようにいわれると多くの人は疑問に思うかもしれない。もし一度覚えた（つまり長期記憶へと転送された）情報がずっと保存されているのだとすると、たとえば昔の知り合いに偶然会ったときに、どうしても名前が思い出せなくて気まずい思いをしたりするのはなぜなのだろうか。

昨日の出来事ははっきりと思い出すことができるが、1年前の昨日のことは同じように思い出すことは難しい。写真が色褪せたり建物が次第に朽ちていったりするように、記憶も長い時間の流れのなかで少しずつ失われていくように感じられる。このように、覚えたことを忘れてしまうこと（**忘却**）の

説明として、時間の経過によって記憶痕跡の強度が徐々に弱まっていくという考え方がある（減衰説）。一方、減衰説に対して記憶の干渉説というものもある。この説においては単純な時間経過が問題なのではなく、新たに記憶された情報によって、以前の記憶内容が干渉を受けることで、その想起が妨害されてしまうというものである。たとえば、「ウマ、ヒツジ、サル」という単語リストを覚えた後、「ウシ、イヌ、キツネ」といった同じ動物のグループの単語を覚えると、最初のリストの単語が思い出しづらくなる（野菜や果物のグループであれば影響しない）。つまり、時間が経つにつれ新たに獲得する情報が増加することで、以前に記憶した内容との干渉が生じやすくなり、その結果、昔のことほど思い出すことが難しくなるということが考えられる。

　減衰説にせよ干渉説にせよ、時間の経過に伴って必然的に記憶された情報が取り出しにくくなるという点では同じである。しかしながら、長い間すっかり忘れてしまったと考えていた記憶が、何らかの拍子にふと思い出されるという経験をすることがある。こういった現象は記憶の減衰や干渉による説明ではうまく扱うことができない。そこで考え出されたのが、記憶内には情報はずっと保存されているが、何らかの理由によって検索ができなかったために思い出すことができなかったという説である（検索失敗説）。この説明によると、一度思い出せなかった情報でも適切な検索の手がかりが与えられれば、再び思い出すことができるということになる。そのような観点から見てみると、先に述べた精緻化リハーサルについては、記銘の際に意味的な解釈や関連づけを行い、想起時の手がかりを増やすことによって思い出しやすくするという働きを考えることができる。

　記憶の想起を促進する手がかりには、既存の知識のような頭のなかにあるものだけでなく、状況や場面のような外的な要因も関わっていることが知られている（文脈依存効果）。たとえば何かを思い出そうとするとき、それを覚えた場所で思い出す場合とそれとは異なる場所で思い出す場合とでは、前者の方がより思い出しやすいことなどが示されている。

2. さまざまな記憶の種類

前節では、大まかな記憶のしくみを通して、外界からの情報がどのようにして長期記憶に貯蔵されるのかについて述べた。しかし一口に記憶といってもそこに保存されている情報にはさまざま種類が存在する。ここではそれぞれの記憶の特徴やその機能などについて見ていくことにしよう。

(1) 意味記憶

私たちは世界についてのいろいろな知識を持っており、それらは**意味記憶**と呼ばれる。たとえば「電車」については、「各駅停車」や「特急」「新幹線」などがあることを知っており、車内の様子については座席やつり革、荷物を載せる網棚などがあることを頭に浮かべることができる。また、電車に乗るためには駅に行き、切符を買い改札を通って、ホームで待つといった一連の手順について考えることもできる。これらは全て「電車」がどのようなものなのかに関する意味記憶としてとらえることができる。

意味記憶は長期記憶内にばらばらに貯蔵されているのではなく、図2-2のように体制化されたネットワーク的な構造をなしていると考えられている(Collins & Loftus, 1975)。このように、意味記憶はそれぞれの概念や特徴（ノードと呼ばれる）などの間に意味的な結びつき（リンクと呼ばれる）を持って保存されており、図中では意味的な関連が強いほどリンクの長さが短く表現されている。リンクの長さが重要な理由は、この意味記憶のモデルでは**活性化拡散**と呼ばれる現象が想定されているからである。

活性化拡散とは、ある概念に注意が向いたり認知的な処理がなされると、そのノードは活性化（利用しやすくなる状態）し、さらにその活性化はリンクを伝わって他のノードを活性化させていくというものである。このとき、距離の近いノードにはより強く速く活性化が伝わり、距離が離れるほど活性化の拡散は弱くなっていく。

記憶内でこのような活性化の拡散が生じていることを支持する証拠として、**意味的プライミング効果**と呼ばれる現象がある。たとえば、ある文字の並び

を視覚的に呈示し、これが実際にある意味を持つ単語（例：「ナース」を呈示）であるか、それとも意味を持たない文字の綴り（例：「ンカロ」を呈示）であるかを判断させる（語彙判断課題と呼ばれる）。さらに、このとき判断を行わせる単語（ターゲット語）を呈示する直前に別の単語（プライム語）を先行して呈示するということを行う。すると、プライム語とターゲット語が意味的に関連する場合（例：「ドクター」→「ナース」）は、無関連な場合（例：「バター」→「ナース」）よりもその語が実際にある意味を持つ単語かどうかを判断するまでの所要時間が短くなる。これは最初に呈示された単語（「ドクター」）の活性化によって、意味的に関連の強い単語（「ナース」）へと活性化の拡散がもたらされたことで、語彙決定に関わる処理がしやすくなったためと考えることができる。

このようなしくみによって、私たちは1つひとつの知識をわざわざ別々に検索して参照する手間を省くことができ、意味的に関連する情報に素早くま

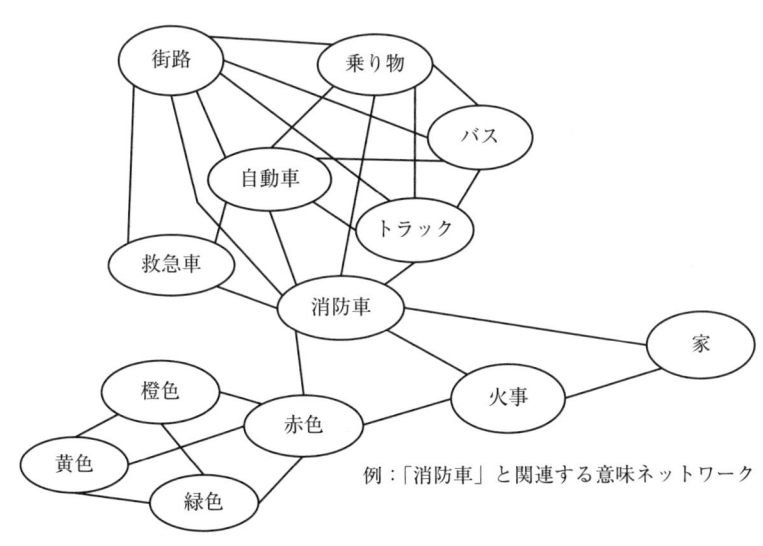

例：「消防車」と関連する意味ネットワーク

図 2-2　意味記憶におけるネットワーク構造
（Collins & Loftus, 1975 より作成）

とめてアクセスすることが可能になっているのである。

(2) エピソード記憶

　私たちの記憶は意味記憶のような世界や物事についての知識だけというわけではない。たとえば先ほどあげた「電車」について、「大雪の日に電車のダイヤが乱れてしまって、大学に行くのがとても大変だった」とか、「一昨日電車に乗ったら、偶然高校時代の友人に会った」といった、特定の出来事に関する記憶を考えることができる。このように、過去に経験した出来事についての記憶は**エピソード記憶**と呼ばれる。また、単なる出来事の記憶ではなく、より自己に関連し、想起の際に感情や懐かしさなどを伴うようなエピソード記憶を特に**自伝的記憶**と呼ぶ。

　自伝的記憶は意味記憶のような知識とは異なり、いわゆる過去の「思い出」に当たるものであり、これまでに歩んできた人生経験に関わる多くの記憶からなっていると考えられる。そういった意味では生まれてから今までの記憶を対象とすることができる。しかし、生まれたときの場面をまざまざと思い出すことができるだろうか。自伝的記憶について、何歳頃まで遡って思い出すことができるのかということに関しては、多くの人が3歳から4歳よりも以前の記憶を想起できないことが知られており、この現象は**幼児期健忘**と呼ばれている。

　幼児期健忘が生じる理由としては、3歳未満の子どもにおける記憶をつかさどる脳機能の未発達によるものや、言語能力が十分でないことなどがあげられている。言語能力との関連については、経験した出来事を言語化できないために、出来事をストーリー的に順序立てて構成することができず、またそれを他者に伝え説明することができないことが原因として考えられる。このことから、エピソード記憶や自伝的記憶は、自分のなかで物語を組み立てたり、それを他者と共有したりすることで、精緻化がなされ、記憶が定着しやすくなる可能性を考えることができる。

(3) 手続き記憶

　これまであげた意味記憶やエピソード記憶は、それぞれ性質的には異なる

記憶であるが、いずれもその記憶内容を本人が言語的に報告できるという点では共通している。そのため、両者の記憶はまとめて**宣言的記憶**と呼ばれることがある。それに対して、記憶内容を言語化して報告することができない記憶も私たちの頭のなかには存在している。たとえば、自転車の乗り方について言葉で説明することはできる（サドルにまたがり、ハンドルを持って、ペダルを漕ぐ）が、ペダルを漕ぐときの身体の動きを言葉で説明することは難しい。しかし説明できないとしても、実際に自転車に乗れば難なくペダルを漕ぐことができる。このように、「身体が覚えている」というような記憶を**手続き記憶**と呼ぶ。また、先ほどの宣言的記憶に対して、言語化できない記憶として**非宣言的記憶**と呼ばれることもある。

3. 記憶は再構成される

　ここまで、外界からの情報がどのように記憶システムに取り込まれ、そしてどのような情報が保存されているのかについて見てきた。私たちの頭のなかに貯蔵されている記憶は、外界の情報そのままのコピーというわけではなく、符号化の過程で要点だけ抜き出されたり、既存の知識をもとにしたさまざまな意味づけや解釈などが行われた結果もたらされたものである。そして、それを思い出す際も保存された記憶がそのまま取り出されるわけではない。想起時の状況や場面、そのときの知識や態度などのさまざまな要因によって、想起される内容もまた影響を受ける。そういった意味では、記憶は決して固定されたものではなく、動的に常に変化し続けるものだといえる。記憶の想起における再構成的な性質について明らかにした興味深いいくつかの研究をあげながら、このことについて考えていこう。

（1）　あいまいな図形イメージの想起

　カーマイケルら（Carmichael et al., 1932）は複数の抽象的な図形を実験参加者に見て覚えてもらい、後にその図形を思い出して再現するように求めた。このとき、図2-3に示した例のように、それぞれの図形に対して2つの言語

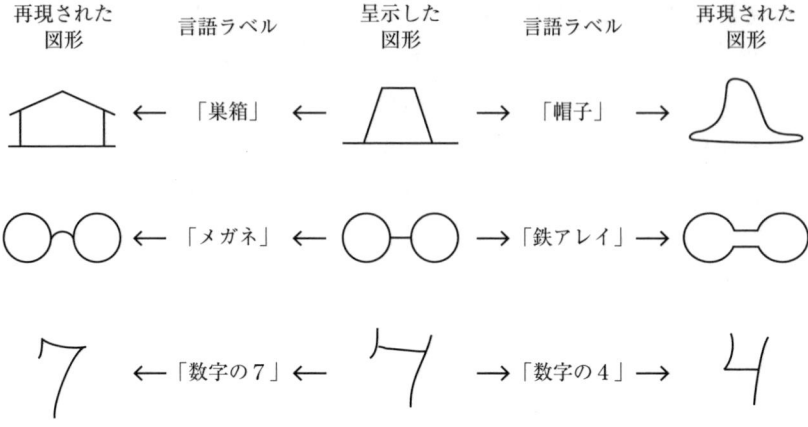

図2-3　言語ラベルによる再現した図形の変容（Carmichael et al., 1932 より作成）

ラベルが用意され、いずれかの1つだけを参加者ごとに図形と一緒に見せて覚えさせた。その結果、実験参加者たちが見ていた図形はまったく同じものであったにもかかわらず、付けられた言語ラベルによって想起された様子は異なっており、実験参加者たちは与えられたラベルに近い形で図形を再現していた。

　この実験では図形を最初に見て覚える段階で異なる言語的な情報が付加されていたため、そもそも記銘の時点でイメージが変容していたのか、それとも想起の際に言語ラベルが手がかりとして用いられたことで変容が生じたのかは、厳密に区別することができない。しかしながら、このような単純な視覚的パターンの図形の記憶でさえ、見たままの形そのものではなく、既有の知識などを組み合わせた構成的なものであるといえる。

(2)　誤導情報効果

　抽象的であいまいな図形においてのみ言語的な情報が影響するというわけでない。より具体的ではっきりとした出来事の記憶についても、同じように想起される記憶内容が影響を受けることが知られている。ロフタスとパーマーの研究（Loftus & Palmer, 1974）では、実験参加者に交通事故の映像を見せた。

その後、この映像に関するいくつかの質問を行ったが、そのなかに事故を起こしたときの自動車の速度に関するものがあった。このとき、「車が激突したとき、どのくらいの速度を出していましたか？」と質問する場合と、「車が当たったとき、どのくらいの速度を出していましたか？」と質問する場合で、報告する速度に違いがあるかを検討した。その結果、「激突した」という表現が用いられていた場合の参加者における平均値は時速66km、一方「当たった」という表現が用いられていた場合の参加者の平均値は時速55kmであった。つまり、最初に見た事故現場の映像は完全に同じものであったにもかかわらず、その場面を思い出すときの質問の仕方によって、事故の様子をどのように想起するかに違いが生じていたのである。

さらに、この実験の1週間後、再びこの実験参加者たちに前回の実験で見た事故の映像に関する複数の質問を行った。その際、その映像のなかで「割れたガラス」を見たかどうかを尋ねた（実際には映ってはいなかった）。その結果、この質問に対して「はい」と回答した割合は、その前の実験で「激突した」という表現を目にした参加者では32％、「当たった」という表現を目にしていた参加者では14％であった。これらの結果は、あいまいさのない明確な出来事の記憶においても、言語的な情報が視覚的記憶の想起に影響を及ぼすことを示している。しかも、この実験では映像を見た記銘の時点では違いはなく、質問を受けた想起の際に記憶内容の変化が生じたものと考えられる。また、このような実験結果から、実際の事件や事故を目撃した人に対して証言を求める場合においても、質問の仕方や報道などによって得られた情報によって、記憶が歪んでしまう可能性があるといった問題が指摘されている。

(3) 偽りの記憶

ある出来事における一部の記憶が食い違ってしまうということだけでなく、そもそも実際には経験していなかった出来事自体を想起してしまうことが実験によって示されている。その実験においては、参加者に子どもの頃に経験した4つのエピソードを呈示し、それらの出来事をどこまで思い出すことができるかを尋ねた（Loftus & Pickrell, 1995）。このとき、これらのエピソードは

参加者の親にそれぞれ事前にインタビューして作成したと伝えていた。しかし、実際のところは4つのリストのうち、3つは本当に聞いた出来事だったが、1つは実験者が作成し、付け加えた架空の出来事であった。その結果、参加者の約25%がこの実験者によって作られた偽りのエピソード（地元のショッピングセンターでの迷子）について、自分が子どものときに実際に経験した出来事であると回答していた。さらに驚くことに、「迷子になっていたときの不安感」や「母親と再会した後の様子」など詳細なエピソードについてさえも語っていたのである。

　このように、ある記憶を思い出すということは、頭のなかにしまっていた情報をそっくりそのままの形で取り出すようなものとは言い難い。また、前に述べたように、そもそも覚える段階においてもさまざまな意味づけや解釈などを伴う情報の加工が行われている。そういった点で、私たちの記憶は自らが作り上げるという側面を少なからず持っているといえる。

　こういった記憶の構成的な性質について考えると、人間の記憶は不正確で不完全なものであるといった印象を抱くかもしれない。しかしながら、このような記憶のシステムを持っているからこそ、私たちは現在の状況や場面に合致した情報を素早く想起して利用することができるのだといえる。私たちの頭のなかにはさまざまな過去の知識や経験の記憶が保存されており、日常におけるほぼ全ての活動はそれらの記憶なしに行うことはできない。だからといって、現在の私たちは自らの過去の記憶に単に縛られているわけではない。あくまでも常に現在の自分にとって利用しやすい記憶を作り続けているのである。

引用文献

Atkinson, R. C., & Shiffrin, R. M. (1968). Human memory: A proposed system and its control processes. In K. W. Spence & T. Spence (Eds.), *The psychology of learning and motivation*. vol.2. Academic Press, pp.89-195.

Carmichael, L., Hogan, H. P., & Walter, A. A. (1932). An experimental study of the effect of language on the reproduction of visually perceived form. *Journal of Experimental Psychology*, 15, 73-86.

Collins, A. M., & Loftus, E. F. (1975). A spreading-activation theory of semantic processing. *Psychological Review*, **82**, 407-428.
Loftus, E. F., & Palmer, J. C. (1974). Reconstruction of automobile destruction: An example of the interaction between language and memory. *Journal of Verbal Learning and Verbal Behavior*, **13**, 585-589.
Loftus, E. F., & Pickrell, J. E. (1995). The formation of false memories. *Psychiatric Annals*, **25**, 720-725.
Miller, G. A. (1956). The magical number seven, plus or minus two: Some limits of our capacity for processing information. *Psychological Review*, **63**, 81-97.

（原島雅之）

3章 感　　情

　「感情的になる」「感情に振り回される」「感情が爆発する」といった表現からもわかるように、「感情」には否定的な意味が含まれる。感情をネガティブなものとみなす考え方には歴史があり、「感情」は合理的な「理性」と対立する、非合理的なものだと考えられてきた。
　しかし、こうした感情に対する一面的な見方は確実に見直されている。感情は私たちが思うような無用の長物ではなく、むしろ、私たちが生きるうえで必要不可欠な、合理的なものという考え方が広まっている。これから見ていくように、感情には解決しなければならない課題に注意を向けたり、その課題を学習したりする働きがある。また、たとえば「感情が顔に出る」というように、私たちは表情を通じて自己の感情を他者に伝えたり、他者の感情を読み取ったりしている。これらの感情の機能は、私たちが生きていくうえで欠かすことのできないものである。
　感情がどのように働き、どのように役立っているのか、一緒に見ていこう。

1. 感情とは何か

　私たちは日々、さまざまな感情を経験している。たとえば大学に入学して仲のよい友人や彼氏・彼女ができたり、美味しい食事やデザートを食べたりすれば喜びを感じる。また、大事な人と別れれば悲しみを感じるし、友人が自分との約束を破れば怒りを感じるし、暗い夜道を歩いているときに後ろから近づいてくる足音が聞こえれば恐怖を感じる。こうした例からもわかるよ

うに、感情を感じない日など1日もない。

　しかし、そもそも感情はどのように働き、何の役に立っているのだろうか。たとえば彼氏や彼女と別れて悲しいときには、感情なんてなければよいのにと思う。また、ついカッとなって大事な人に余計なことをいってしまったときには、感情的になり過ぎたと後悔する。あるいは食べ物が美味し過ぎて食べ過ぎてしまったり、友人と遊ぶことに夢中になってレポートが間に合わなかったりしたときにも、楽し過ぎてつい……と反省したりする。このように考えると、感情はただ単に余計な働きをしているだけのようにも思える。

　確かに感情を非合理的なものとみなす見方には歴史があり、またそうした側面があることも事実だが、近年では感情の合理的な側面に注目が集まっている。感情は私たちにとってあまりにも身近で、また意識していないところで働いているため、私たちが感情の合理的な働きに気づくことはまずない。しかし、たとえば事故や病気で感情の働きを失ってしまうと、朝起きて学校に行く準備をすることすらひとりでできなくなってしまうのである。それほど感情は重要な働きをしている。ではそもそも、感情とはいったい何だろうか。まずは感情を定義するところから始めよう。

(1) 感情の定義

　感情（emotion）とは、日常的には、物事に対して生じる気持ちのことを指す。しかしながら、心理学ではそうした主観的経験は感情プロセスの一部に過ぎない（図3-1）。心理学では、感情は私たちの生存を、危険を回避したり、好機を得たりすることで直接的に助けたり、あるいは他者との関係を促進することで間接的に助けるものと考えられており、そのためのプロセスとしてとらえられている。簡単にいえば感情は、自分たちの置かれた環境を評価する（たとえば、危険を察知する）プロセスとそれに応答する（たとえば、危険を回避する）プロセスから構成される（LeDoux, 1996）。

　図3-1にあるように、感情はまず自分たちの置かれた環境を評価するところから始まる。たとえば、私たちは友人から誕生日プレゼントをもらったらうれしいと感じるが、これはその人との関係やもらった物がポジティブに評

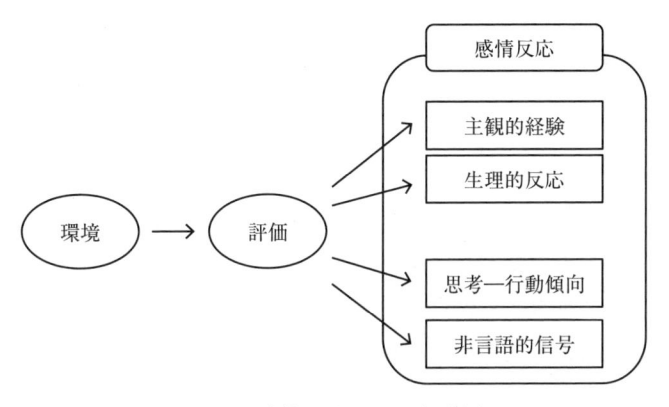

```
                    ┌─────────────┐
                    │  感情反応    │
                    │ ┌─────────┐ │
                    │ │主観的経験│ │
                  ↗ │ └─────────┘ │
                    │ ┌─────────┐ │
                  ↗ │ │生理的反応│ │
  ┌────┐   ┌────┐   │ └─────────┘ │
  │環境│ → │評価│   │             │
  └────┘   └────┘   │ ┌─────────┐ │
                  ↘ │ │思考―行動│ │
                    │ │  傾向   │ │
                    │ └─────────┘ │
                  ↘ │ ┌─────────┐ │
                    │ │非言語的 │ │
                    │ │  信号   │ │
                    │ └─────────┘ │
                    └─────────────┘
```

図3-1　感情のプロセスの概念図

価されたためである。また自分の方に車が突っ込んできたら怖いと感じるが、これは状況がネガティブに評価されたためである。このように、感情は自分たちの置かれた環境、すなわち人・物・状況を評価することで生じる。

環境が評価されると、それに応答してさまざまな感情反応が生じる。たとえば、友人から感謝されたときにうれしいと感じたり（主観的経験）、高いところに立って怖いときには心拍数が上がったり、汗ばんだりする（生理的反応）。またガラスケースに美味しそうなケーキが並んでいると思わずそれに近づいてしまったり（思考―行動傾向）、風邪をひいて苦い薬を飲んだときにはしかめっ面になったりする（非言語的信号）。このように、自分たちの置かれた環境の評価に伴い、さまざまな感情反応が生起する。

環境を評価することが重要であるのは、私たちヒトに限ったことではない。それは他の動物にとっても同じである。感情が環境の評価と関係するのであれば、他の動物もまた感情を持つはずである。事実、恐れ・怒り・悲しみ・嫌悪・喜びといった感情は他の動物も持つと考えられており**基本感情**と呼ばれる。またこうした感情は、自分が他者とは異なるといった自己意識が必要ないことから**非自己意識的感情**と呼ばれたり、ヒトの場合、基本感情は生後6カ月くらいまでの比較的早い時期に現れることから**一次感情**と呼ばれたりすることもある。

一方、恥・罪悪感・誇り・妬み・共感といった感情は、他者が自分に向ける反応を意識する必要があり、自己意識が必要であるため、**自己意識的感情**と呼ばれる。自己意識的感情の発達時期については研究者によって意見が分かれるが、少なくとも基本感情が発達して以降に発達すると考えられており、そのため**二次感情**といわれる。また自己意識的感情は他者の感情も関係するため、**他者意識的感情**と呼ばれることもある。自己意識的感情はヒトに固有の感情と考える研究者もいるが、近年ではヒト以外の霊長類も自己意識的感情を持つ可能性が指摘されている。

　なお、こうした感情は**気分**（mood）とは区別される。まず、感情は気分とは異なり、それが生じる明確な原因がある。それは、美味しい物を食べた「から」うれしい、友人が失礼なことをした「から」怒るといった具合である。それに対して気分の場合には、「何となく」気分がよいとか「何となく」気分がふさいでいるというように、その原因は漠然としている。

　加えて、感情は気分ほど長く持続しない。昨日デザートを食べたときに感じた喜びが次の日も続いていたり、友人に対して感じた怒りがそのまま1週間続いたりすることはまずなく、そのとき感じた感情はせいぜい数分間くらいしか続かない。それに対して気分は、何となく気分が乗らない日が続いたりするように、長いときには数日続いたりする。このように感情は気分とは異なるものとしてとらえられている。

　本章では以上のように感情をとらえたうえで、そのなかの基本感情に焦点を当てる。なお、先ほど述べたように、感情は生存を助けるためのプロセスであり、環境を評価するプロセスとそれに応答するプロセスから構成される。そこで、まずは環境の評価のあり方から見てみよう。

(2)　意識的評価と無意識的評価

　私たちのまわりは人や物で溢れ、そのなかで日々生活をしている。普段は意識していないかもしれないが、日々を過ごすうえで、自分たちの置かれた環境を評価することは欠かせない。たとえば、横断歩道を渡るときどのようなタイミングで渡るだろうか。合コンで知り合った異性に電話番号を聞かれ

たら教えるだろうか。レストランで見たこともない料理が出てきたら食べるだろうか。

　私たちは絶えず周囲の人・物・状況を評価している。こうした評価は、意識的に行われているように思うかもしれないが、必ずしもそうではない。たとえば、自転車で横断歩道を渡っているとき、車が来ていることに気づくと、私たちは咄嗟にブレーキをかけたり、後になって血の気が引いていることに気づいたりする。こうした反応は瞬時に起こるものであり、「車が来ている」「危ない」と意識的に評価をした結果起こるわけではない。

　事実、ザイアンスは、意識的な評価がなくとも感情が生起することをさまざまな形で示している（Zajonc, 1980）。たとえば、見たことのない新奇な刺激を閾下（実験参加者が見えない速さ）で繰り返し呈示した後、閾上でその刺激と別の新奇な刺激を対にしてどちらが好きか尋ねると、繰り返し見た刺激の方を好む（**単純接触効果**）。また閾下で人のポジティブあるいはネガティブな表情の写真を呈示した後、閾上で新奇な刺激を呈示し、その刺激の好ましさについて尋ねると、ネガティブな表情を呈示した後の方が刺激の評価は低くなる。これらの結果は、閾下刺激を評価していることを意味しており、非意識的に環境を評価していることを示唆している。

　ザイアンスの主張は、大脳辺縁系にある扁桃体（図3-2）に関する、ヒトの臨床研究や動物実験からも裏づけられている。扁桃体は、破壊されると食物とそうではない物の区別がつかなくなり、何でも口にしたり、あるいは捕食者を見ても恐怖反応を示さなくなったりすることから、環境の評価をしていると考えられている。近年ではさまざまな脳画像法が開発され、生きたヒトの脳の構造や活動を測定することが可能になっており、扁桃体の活動もまたとらえることができる。そうした研究によると、扁桃体はヒトのネガティブな表情を閾下で呈示しても活動する。この結果もまた、環境を非意識的に評価していることを示唆している。

　環境の非意識な評価は火急の事態に対処するうえで有用であるが、評価をするだけでは十分ではなく、その評価に応じて適切に対処する必要がある。

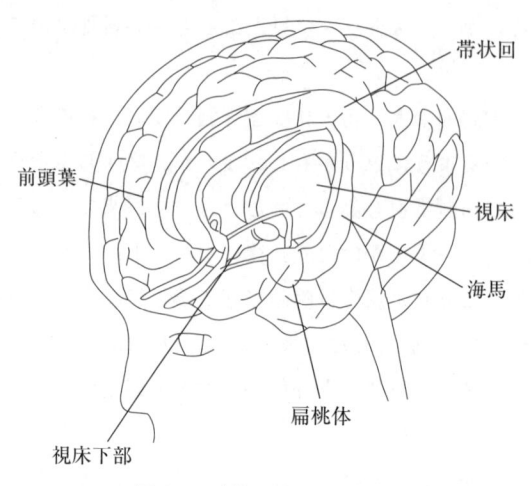

図 3-2　感情に関わる脳部位

事実、扁桃体などで処理された評価は視床下部という部位に送られ、たとえば①呼吸・血圧・脈拍などの自律神経反応、②副腎皮質刺激ホルモン・副腎皮質ホルモンなどの分泌といった内分泌反応、③思考や行動の変化、④表情の変化、を促す（小野，2012）。

　以降は、こうした感情反応が事態に対処するうえでいかに役立っているのかについて述べていく。遠藤（2013）によれば、感情の機能は、感情を経験している当事者のなかでの機能（個体「内」機能）と、他者との関わりのなかでの機能（個体「間」機能）に分類することができる。たとえば窓からハチが入ってくれば心拍数が上がり、恐怖の表情になる。心拍数が上がると供給される血液が増えるため、こうした反応は当人が逃げるうえで役立つ。一方、恐怖表情になることで逃げやすくなることはなく、表情は他者との関わり合いのなかではじめて意味を持つ。ここでは遠藤の区分に従い、感情の機能を個体「内」、個体「間」という視点から見てみよう。

2. 個体「内」現象としての感情の働き

(1) 迅速に対処する機能

　自分の置かれた環境が危険であるようなときには迅速に対処する必要がある。たとえば山道を歩いていてガサガサという音がした場合、クマや毒ヘビといった危険な動物がいる可能性がある。このようなときには何がいるかを特定し、もし危険な動物がいるなら、すぐに逃げなければならない。言い換えれば、環境がネガティブに評価されると、その原因を特定するように注意を向けたり、その対象から離れたりするための準備を整える必要がある。

　オーマンは、恐怖を喚起するような対象には注意が向けられやすいことを明らかにしている (Öhman et al., 2001)。この実験では参加者に複数の写真を一斉に呈示し、それらの写真全てが同じカテゴリーに属するものか、それとも1枚だけ異なるカテゴリーのものが混ざっているかを判断させた。すると、参加者は恐怖に関連した写真（たとえばヘビ）が1枚混ざっているときの方が、恐怖に関連のない写真（たとえば花）が1枚混ざっているときよりも判断速度が速かった。この結果は恐怖感情が生起すると、その源泉に素早く注意が向けられることを示唆している。

　こうした注意の捕捉は、他者の怒り顔に対しても生じる。私たちは集団のなかで生活をしており、他者は非常に身近な存在である。そのため、他者が自分に危害を加えようとする場合には自分が傷つく可能性が高く、そのようなときには素早く対処する必要がある。後の議論とも関連するが、他者の怒り表情は自分に危害を加えるかどうかを判断するうえで重要な手がかりとなっている。

　また注意の捕捉はヒトだけに見られる現象ではない。危険が迫る状況下で迅速に対処する必要があるのは他の動物もまた同じである。事実、先ほどあげたヘビに対する注意の捕捉は、近年ニホンザルを用いた実験でも確認されている。

　もちろん、このように注意を向けることが常に必要なわけではない。ガサ

ガサと音のした方を見たらスズメだったということもあるだろう。注意を向けてはみたものの、実際には何も問題なかったということはしばしばある。しかしそれでも私たちはそうした音がすると、思わずその音のした方を見てしまう。このことから、やはり感情はエラーを引き起こす非合理的なものと考える人がいるかもしれない。

　しかし、そうではない。こうしたケースで起きるエラーには2つあり、1つは脅威となる対象（たとえばクマ）が実際はいるにもかかわらずいないと判断するエラーであり、もう1つは脅威となる対象が本当はいないにもかかわらずいると判断するエラーである。常に正確に判断をすることはできないため、どちらかのエラーが必ず起きるとすると、どちらのエラーの方が致命的だろうか。たとえばクマがいるのにいないと判断するのと、クマがいないのにいると判断するのとどちらが致命的だろうか。いうまでもなく、それは前者である。そのため、実際には脅威の対象がいないかもしれないが、それでも注意を向けることは、必ずしも非合理的なことではない。

　感情には注意の捕捉だけではなく、その事態に対処できるような準備を整える機能がある。たとえば目の前に刃物を持った男が現れた場合、その男を見ているだけではあまり意味がなく、すばやく逃げるか、（逃げ道がなければ）闘う必要がある（**闘争か逃走反応**）。生理的反応にはこうした事態に対処する働きがある。たとえば、環境が危険であると評価されると、ノルアドレナリンの作用により心拍数が増加し、肝臓からグルコースが放出され、多くのエネルギーが使えるようになる。いうまでもなく、こうした反応は逃走あるいは闘争するうえで役立つ。エクマンによれば恐怖感情に限らず、感情状態と自律神経反応は結びついており、感情状態によって異なる自律神経反応が生じる。感情状態がどのような生理的神経反応を促進するかについてはまだ議論が続いているが、少なくとも感情には生理的反応を促進し、適切な行動をとりやすくする機能がある。

　(2)　学習する機能

　環境がネガティブに評価されたときには、迅速に対処するだけではなく、

その出来事を記憶することも重要である。そうすれば、その後は事前に対処することができるからである。たとえば道で車にひかれそうになったときのことを記憶しておけば、それと似たような状況になったときに気を付けることができる（5章参照）。

恐怖条件づけの研究は、恐怖感情と記憶の関係を端的に示すものである。条件づけの実験では、**条件刺激**（音など）と**無条件刺激**（電気ショックなど）が組み合わされ、それが数回繰り返される。すると本来は恐怖反応を生じさせないはずの条件刺激が呈示されただけで、恐怖反応（自律神経反応など）が生じるようになる。この恐怖条件づけはこれまでハエ、ラット（実験用のネズミ）、ハト、イヌ、ネコ、サル、ヒトなど実にさまざまな動物で確認されている。

恐怖条件づけは、手がかり恐怖条件づけと文脈的恐怖条件づけに分類される。手がかり恐怖条件づけとは、上記のような条件刺激によって恐怖反応が生起することであり、文脈的恐怖条件づけとは、恐怖経験をした場所（実験が行われた箱など）に置かれることで恐怖反応が生起することである。恐怖条件づけは本来恐怖の対象ではない手がかりや文脈に対して恐怖反応が生じることから、記憶が関与していることが考えられている。すなわち、恐怖を感じたときに手がかりや文脈が記憶されるため、手がかりや文脈が呈示されただけで恐怖反応が生じる。

興味深いことに、恐怖条件づけには意識的に思い出せる記憶（**顕在記憶**）と意識的には思い出せない記憶（**潜在記憶**）の両方が関わっている。たとえば文脈的恐怖条件づけは場所の記憶、すなわちエピソード記憶（顕在記憶）と関連しており、大脳辺縁系にある海馬（体）が関与している。つまり、海馬が損傷するとエピソードを覚えておくことができなくなるが、そのような場合でも条件刺激に対して恐怖反応が生じることが示されている。このことから、恐怖条件づけには顕在記憶だけではなく、潜在記憶も関わっていると考えられる。

そのとき誰といたか、何をやっていたかといったエピソード記憶（顕在記憶）は忘れられやすいものである。しかし、意識的にはもう思い出せなくても、

かつての出来事と似たような状況になれば、非意識的に自律神経反応や内分泌反応が促進され、仮に同様の事態が起きても迅速に対処するように準備がなされるのである（LeDoux, 1996）。こうした機能がいかに重要であるかは容易に想像ができるだろう。

　これまで見てきた感情の機能は個体「内」現象として、すなわち感情を経験している当事者のなかで働くものとしてとらえることができる。しかし、感情の機能のなかには他者との関係のなかで働くものもある。たとえば表情や声色は個体の感じている感情を他者に伝え、コミュニケーションをとるうえで役立っている。次は、こうした個体「間」で働く感情のコミュニケーション機能について見てみよう。

3. 個体「間」現象としての感情の働き

　他者の感情を理解することはコミュニケーションをとるうえで重要であるが、表情はそのための有力な手がかりの1つである。実際、私たちは先生や友人の感情を知るために「顔」色をうかがう。そして機嫌がよさそうであれば冗談をいってみたり、悪そうであれば話しかけるのをやめたりする。このように、私たちは他者の表情からその人の感情を読み取ろうとする。

　扁桃体の構造もまた、他者の表情を読み取ることの重要性を物語っている。霊長類では社会集団が大きくなるほど大脳新皮質の大きさも大きくなる傾向があり、これは集団成員が増えるほど知的能力が要求されるためだと考えられている（社会脳仮説）。扁桃体の基底外側部は表情など社会的刺激の処理に関わっている部位であるが、この部位も同様に、社会集団が大きくなるほど大きくなる傾向がある。ヒトの場合、他の霊長類と比較してもこの部位が発達しており、このことは集団生活のなかで他者の表情を処理することの重要性を示唆している。

　もちろん、全ての表情が感情と関わるわけではないが、少なくともいくつかの表情は感情と関連している。たとえば、友人が誕生日プレゼントをくれ

たら自然と笑みがこぼれるし、両親からいわれないことで怒られれば渋面になる。あるいは、もらったプレゼントが本当は要らないものであったときでも、心とは裏腹に笑顔を作る。このように顔に出る感情は、本当の感情が反映されたものもあれば、意図的に感情を反映させたものもある。

　しかし、もし表情を意図的に作ることが簡単であれば、私たちは表情からその人の感情を正確に読み取ることができなくなる。たとえば笑顔は相手に対する好意を示すものといえるが、笑顔を簡単に作ることができるならば、私たちは信じてはいけない人を誤って信じ、だまされる可能性が高まる。それでは相手を判断する際、他者の表情を使うことはできなくなってしまう。言い換えれば、顔の表情がコミュニケーションのツールとなっているのは、それが**正直な信号**となっているためである。

　事実、自然な表情と意図的に作った表情とでは働いている脳部位が異なる（Ekman, 1985）。そのため、たとえば自然に笑おうとしても、その笑顔はいわゆる「作り笑い」となり、心底笑っていないことが相手に伝わる。本物の笑顔（デュシェンヌ・スマイル）のときには大頬骨筋によって唇の両端が上がり、眼輪筋によって眉の端が引き下がると同時に頬を引き上げ目尻に皺ができる。このうち眼輪筋は意識的に動かすことができないため、笑おうとしても眉の端を下げることはできない。このように表情筋の一部は不随意筋でできているため、表情は他者の感情を理解するうえで信頼できる手がかりとなっている。

　表情に感情が表出されるということは、自分の感情を他者に伝える、ということでもある。確かに、自分の他者に対するポジティブな感情を伝えられることは、コミュニケーションをとるうえで非常に有用だろう。しかし、ネガティブな感情を伝えてしまうことは果たして有用なのだろうか。実はそれもまた有用であると考えられている。というのも、ネガティブな感情を伝えることで、同じ目にあう確率を下げることができるからである。たとえば友人が約束の時間に1時間遅れてきたとしよう。このとき怒りが表出されなければ、またその友人は待ち合わせに遅刻するかもしれない。逆に、怒りが表

出されることで、多少その場が気まずくなっても、そうすることで友人が遅刻しなくなるならば長期的には自分の利益になる。このように考えると、ネガティブな感情が表出されることもまた有用といえる。

ただし、表情が感情の源泉を示すわけではない、という点には注意が必要である。エクマンはこのことをシェークスピアの『オセロ』の悲劇を例にあげて説明している。オセロは、妻のデスデモーナが浮気をしたと思い、殺そうとするとデスデモーナは恐怖をあらわにする。オセロはこれを浮気がばれたためだと解釈するが、デスデモーナは実際には浮気をしておらず、嫉妬深いオセロに殺されると思ったために恐怖の表情を浮かべただけであった。この例のように、表情は確かに個人の感情を表すものの、その原因を示すわけではないため、誤解を招くこともある。

4. 感情の生得性

本章では感情反応のさまざまな機能について見てきた。感情反応とは個体の置かれた環境を非意識的に評価した結果生じる反応であり、環境に問題があれば、それに注意を向けさせ、それを解決するような準備を整える。また事態を意識的、非意識的に記憶させることで、次に同じような事態が起こったときに素早く対処できるようにする。加えて、感情は表情として表出され、他者に自分の感情を伝えたりすることでコミュニケーションを円滑にする。

こうした感情の機能は、遺伝的なプログラムであると考える研究者もいる。たとえば恐怖条件づけには、学習しやすい条件刺激と学習しにくい条件刺激がある。ガルシアは、ラットが音と電気ショックの関連を学習するのは容易だが、味と電気ショックの関連を学習するのは難しいことを見出している。またミネカは、ヒトがヘビに対する恐怖学習を消去しにくいにもかかわらず、銃に対する恐怖学習は消去しやすいことを示している。

ではなぜこうした機能には制約があるのだろうか（たとえば銃の方がヘビよりもよほど危険であるにもかかわらず、ヒトはなぜ銃に対する恐怖は消すことが容易でもへ

ビに対する恐怖を消すことは難しいのだろうか）。その理由は次のように考えられている。私たち動物には祖先がいるが、その祖先が生きていた環境には、頻繁に遭遇する脅威（独特の音がした後の皮膚への痛み、ヘビ）が存在したが、個体のなかにはそうした脅威を簡単に学習できる個体もいれば、できない個体も存在したと考えられる。そして、前者の方が生き残りやすく、またその形質が子孫に遺伝したため、今いる動物はかつて頻繁にあった脅威（音と電気ショックの連合、ヘビ）を学習しやすい一方、存在しなかった脅威（味と電気ショックの連合、銃）は学習しにくい（Seligman, 1971）。

　また感情の表情表出にも遺伝的背景があると考えられている。たとえばエクマンは西洋文化と接点を持たないパプア・ニューギニアのフォレ族に対して、アメリカ人のさまざまな表情を示し、呈示したストーリーに合った表情を選択させた。すると、フォレ族の人たちはストーリーに合った顔写真を適切に選択できていた。この結果は、感情を表す表情やその理解が学習によるものではなく、生得的なものである可能性を示唆している。興味深いことに、近年ではチンパンジーにもこれと同様の実験が行われており、チンパンジーもまた表情を理解している可能性があることが示されている。

　このように感情反応には、ヒトの間で共有されるもの（**種内普遍性**）から、他の動物とも共有されるもの（**種間普遍性**）まである。こうした感情反応の特徴は、感情がプログラムされた生得的なものであることを示唆している。ただし、感情の生得性については批判的な研究者がいるのもまた事実であり、慎重な姿勢が必要かもしれない。しかしながら、少なくとも感情が、私たちが生存していくうえで重要な役割を果たしていることは間違いない。

引用文献

Ekman, P. (1985). *Telling lies: Clues to deceit in the marketplace, politics, and marriage*. New York: W. W. Norton & Company.
　（ポール・エクマン（1992）．工藤力（訳）暴かれる嘘──虚偽を見破る対人学── 誠信書房）
遠藤利彦（2013）．「情の理」論──情動の合理性をめぐる心理学的考察── 東京大学出版会

LeDoux, J. E. (1996). *The emotional brain.* New York: Simon & Schuster.
（ジョセフ・ルドゥー　松本元・小幡邦彦・湯浅茂樹・川村光毅・石塚典生（訳）（2003）．エモーショナル・ブレイン――情動の脳科学――　東京大学出版会）
Öhman, A., Flykt, A., & Esteves, F. (2001). Emotion drives attention: Detecting the snake in the grass. *Journal of Experimental Psychology: General,* **130**, 466-478.
小野武年（2012）．脳と情動――ニューロンから行動まで――　朝倉書店
Seligman, M. E. P. (1971). Phobias and preparedness. *Behavior Therapy,* **2**, 307-320.
Zajonc, R. B. (1980). Feeling and thinking: preferences need no inferences. *American Psychologist,* **35**, 151-175.

（樋口　収）

4章　思考と知能

　飛行機で移動する場合と車で移動する場合、どちらが安全だろうか。多くの人は、車で移動する方が安全だと考えるかもしれない。しかし、飛行機よりも車の事故の方がはるかに多いため、車で移動する方が安全とはいえない。実際に、事故による死亡者数は飛行機よりも車の方がはるかに多い。では、なぜ多くの人は、車で移動する方が安全だと思うのだろうか。

　これは、思いつきやすさのためである。すなわち、飛行機の事故は少ないが、起きれば大惨事になることもあり、メディアで大々的に報道されるため、私たちの記憶に残りやすい。その結果、事故の事例として、車よりも飛行機の事故の方が思いつきやすくなる。そのような事例の思いつきやすさが、飛行機に対する安全性の過小評価を招き、車の方が安全だという考えを導くのである。この例は、私たちの思考の特徴の1つを表している。

　私たちは日常生活で直面するさまざまな状況を思考の働きによって適切に判断し、問題を解決することができる。しかし、私たちの思考は時に大きな誤りを導くこともある。本章ではまず、このような思考が導く誤りを中心に取り上げることで、思考の特徴について考える。さらに知的活動を支える能力として、知能を取り上げ、知能とは何かについて考える。

1. 問題解決と推論

　試験の問題を解く、レストランまでの最も近い道順を考える、友人関係を円滑にする方法を考える。このように、私たちは日常生活でさまざまな問題

に直面し、それらを思考の働きによって解決している。こうした思考の働きには、コンピュータによる演算とは異なり、人間特有の特徴がある。

たとえば、大学で数百人もの学生が受講している授業の教室に入り、先に着席している友人を探す状況を想像してほしい。このとき、携帯電話で友人に居場所を聞いたりせずに探すことにしよう。このように、たくさんの人のなかから特定のひとりを探す際、あなたはどのように探すだろうか。

確実に友人を見つけ出す方法は、教室の前の席から順番に1人ひとりの顔を確認することである。この方法であれば、膨大な時間がかかってしまうが、必ず友人を見つけ出すことができる。このように「ある方法に従えば必ず正解が得られるような手続き」を**アルゴリズム**という。

しかし、多くの場合はそのような探し方はしないだろう。たとえば、全体をざっと見回して、髪型などの特徴が友人と一致した人に注目し、その人が友人かどうかを判断する、といった探し方をするのではないだろうか。このような方法はアルゴリズムとは異なり、確実に友人が見つかるという保証はない。もし、友人がその日はたまたま髪型を変えていた場合には、見つけることができないだろう。しかし、この方法を用いれば、たいていの場合は見つけることができ、そして、大変効率的である。このように、「必ずしも正解が得られるとは限らないが、うまくいけば正解に要する時間や労力が少なくて済むような手続きや方法」を**ヒューリスティック**という。

私たちは日常生活のさまざまな場面でヒューリスティックを用いているが、私たちの思考には、ヒューリスティックだけでなく、さまざまな特徴があることがわかっている。

以下では、問題解決や推論に関する例題を見ながら、思考の特徴について考えてみることにしよう。

問題1. 図4-1を見てほしい。テーブルの上にあるものだけを用いて、テーブルや床にロウが垂れないように、火が着いたロウソクを（テーブルに置かずに）壁に取りつけるには、どうしたらよいだろうか（Duncker, 1945より作成）。

図 4-1　ロウソク問題（Duncker, 1945 より作成）

　たくさんの画鋲を使ってロウソクを壁に固定しようと考えた人もいるかもしれない。しかし、この方法は、ロウがテーブルや床に垂れないという条件を満たしていない。実は、もっと簡単な方法があるのだが、多くの人はそれに気づかない。答えは図4-2の通りである。
　多くの人は、画鋲の箱を「ロウソクを立てる台」として考えることができない。こうしたことが生じる原因は、画鋲の箱を単に「画鋲の入れ物」とのみ考え、他の利用方法を思いつきにくいためである。
　「画鋲の箱は、画鋲の入れ物である」というように、人間には、ある対象の機能について特定の考えを持つと、その対象が別の機能を持つという発想が浮かばなくなる傾向がある。こうした傾向を**機能的固着**という。機能的固着は私たちの思考の特徴の1つであり、私たちの問題解決を妨害する要因になる。

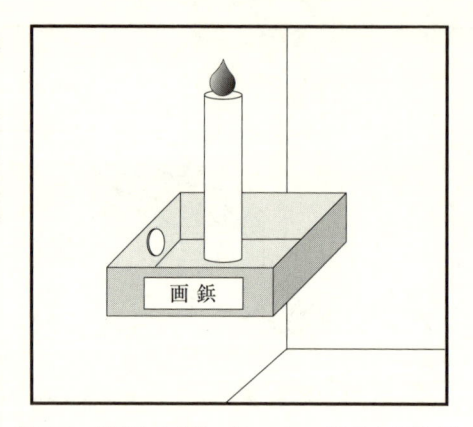

図 4-2 問題 1 の答え（Duncker, 1945 より作成）

次に、以下の問題 2 について考えてみよう。

問題 2. 図 4-3 で示されるように、4 枚のカードがある。これらのカードは、すべて片面にアルファベット 1 文字が記載されており、もう片面には数字が記載されている。ここで、「カードの片面が母音であるならば、その裏には偶数が記載されている」という規則が正しいかどうかを確認するためには、少なくともどのカードとどのカードを裏返して確認する必要があるだろうか（Wason, 1966 より作成）。

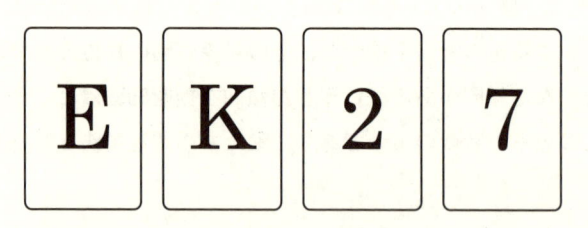

図 4-3 4 枚カード問題（Wason, 1966 より作成）

この問題の答えは、「E」と「7」である。E は母音であるため、問題文の規則から裏面は偶数でなければならない。そのため、裏返して確認する必要

がある。また、7は奇数であるため、もし7の裏面が母音であった場合は規則に反する。そのため、7は確認しなければならない。

　これに対し、「K」と「2」のカードは裏返して確認する必要はない。なぜならば、Kは、母音ではないため、問題文の規則から裏面は偶数でも奇数でもどちらでもよい。そのため、裏返して確認する必要はない。また、2は偶数であるが、問題文の規則に照らしてよく考えてみると、片面が偶数の場合、その裏面が母音である必要はなく、子音でもよいのである。そのため、2を裏返して確認する必要はない。この問題では、多くの人はEのカードを選択できるが、7のカードを選択できなかったり、誤って2のカードを選択してしまったりすることが知られている。

　このような間違いが生じる理由の1つとして、私たちには、規則に反しているかどうかよりも、規則に合致しているかどうかを重視してしまう傾向がある、ということが指摘されている。すなわち、規則に反する証拠である「奇数の裏は母音ではないこと」は確認せず、規則に合致する「母音の裏は偶数であること」や「偶数の裏は母音であること」を確認することを重視してしまうため、奇数である7のカードを選択しにくいのだと考えられる。

　このように、私たちは自分がすでに持っている考えや仮説を確認する際に、その考えや仮説に合致する情報を選択的に認知したり、重視したりする傾向がある。こうした傾向を**確証バイアス**という。

　確証バイアスの日常的な例として、「今年は悪いことばかり起きる」という占いの結果が出た場合を考えてみよう。私たちの日常生活を1年間通して考えてみれば、実際には良いことも悪いこともたくさん起こる。しかし、私たちは、占いの結果と一致する「悪いこと」にのみ注目し、占いは当たるものだとより信じてしまうのである。

2. 判断と意思決定

　私たちは、日常生活において、さまざまな判断や意思決定を行っている。

こうした判断や意思決定をする際の思考にもさまざまな特徴がある。認知心理学者のカーネマンとトヴァスキーは、一連の研究から、判断や意思決定をする際の私たちの思考には、さまざまな特徴があることを明らかにしている。ここでは、カーネマンとトヴァスキーの知見をもとに思考の特徴について考えてみよう。

問題3. 英単語のなかで、「kが先頭に来る単語」と「kが3番目に来る単語」ではどちらが多いだろうか？（Kahneman & Tversky, 1973 より作成）

多くの人は、kが先頭に来る単語の方が多いと考える。しかし、実際にはkが3番目に来る単語の方がはるかに多い。なぜこのような間違いをしやすいのだろうか。

この現象には、思いつきやすさが関連している。すなわち、一般的に、私たちは、ある文字が先頭に来る単語（たとえば、kind, kiss, know）の方が、3番目に来る単語（たとえば、cake, joke, make）よりも思いつきやすい。そのため、よく思いつく「kが先頭に来る単語」の方が多いと考えてしまうのである。

このように、ある出来事の頻度をその出来事の事例の思いつきやすさで判断するヒューリスティックを**利用可能性ヒューリスティック**という。

本章の冒頭で述べた飛行機と車の安全性の判断は、この利用可能性ヒューリスティックによる判断の例である。

では次に、以下の問題4について考えてみよう。

問題4. リンダは、31歳の独身女性である。率直に意見をいい、とても聡明である。大学では哲学を専攻していた。学生時代には、差別や社会正義の問題に強い関心を持ち、反核運動に参加していた。

以下の①〜⑤のそれぞれは、現在のリンダの姿として、どの程度確率的に可能性が高いだろうか。確率的に可能性が高いと思う順にそれぞれ順位を着けてみてほしい。

① リンダは、小学校の先生である。
② リンダは、女性差別運動の活動家である。
③ リンダは、銀行員である。
④ リンダは、保険の営業をしている。
⑤ リンダは、銀行員で女性差別運動の活動家でもある。

(Tversky & Kahneman, 1983 より作成)

　ここで問題となるのは、③と⑤の順位である。③と⑤で確率的に可能性が高いのはどちらだろうか。多くの人は、③の「銀行員」のみよりも、⑤の「銀行員で女性差別運動の活動家」の方が、確率的に可能性が高いと答えることが知られている。しかし、⑤の方が、確率的に可能性が高いというのは間違いである。なぜならば、確率的に考えれば、「銀行員」のみのほうが、「銀行員で女性差別運動の活動家」のように2つの事象が重なっている場合よりも、はるかに可能性が高いからである。

　この問題は、確率に詳しい大学院生でも、間違える人が多いことがわかっている。このように、単一の事象と、2つのことが重なって起こる事象を直接比較したうえで、後者の確率が高いと判断する誤りを**連言錯誤**という。

　こうした連言錯誤が生じる理由は、私たちに「起こりやすさ（確率）」を「もっともらしさ（代表性）」に置き換えて考える傾向があるためである。すなわち、リンダの現在の姿として、「確率的な判断」を求められているにもかかわらず、リンダに関する記述を読んで、リンダが女性差別運動の活動家としてもっともらしいと考えてしまい、女性差別運動の活動家が含まれる⑤を銀行員のみの③よりも可能性が高いと考えてしまうのである。

　このように、ある事象の起こりやすさを、代表的なものと類似している程度によって判断するヒューリスティックを**代表性ヒューリスティック**という。
　続いて、次の問題5について考えてみよう。

問題5. アメリカでは今、ある伝染病の大流行に備えている。放置すれば、

死者数は600人に達すると見込まれている。対策として、以下、AとBの2種類のプログラムが提案されている。あなたならばどちらのプログラムを採用するだろうか。

「プログラムAを採用した場合、確実に200人が助かる」

「プログラムBを採用した場合、3分の1の確率で600人が助かるが、3分の2の確率で1人も助からない」

この問題をスタンフォード大学とブリティッシュ・コロンビア大学の学生に回答してもらったところ、72％もの学生が確実性の高いAを選択し、ギャンブル性の高いBを選択した学生は28％に過ぎなかった（Tversky & Kahneman, 1981）。

ところが、この問題の選択肢の表現を変えるだけで、結果が大きく変わってしまった。次の問題6を見てほしい。

問題6. アメリカでは今、ある伝染病の大流行に備えている。放置すれば、死者数は600人に達すると見込まれている。対策として、以下、CとDの2種類のプログラムが提案されている。あなたならばどちらのプログラムを採用するだろうか。

「プログラムCを採用した場合、確実に400人が死亡する」

「プログラムDを採用した場合、3分の1の確率で1人も死なずに済むが、3分の2の確率で600人が死亡する」

（Tversky & Kahneman, 1981 より作成）

この問題の選択肢も、問題5と同じく、一方（C）は確実性が高く、もう一方（D）はギャンブル性が高い。

しかし、この問題6では、問題5とは異なり、78％もの学生がギャンブル性の高いDを選択したのである（Tversky & Kahneman, 1981）。

実は、問題5のAと問題6のC、問題5のBと問題6のDの選択肢は、

表現が異なるだけで実質的に同じことを意味している。問題5と6が異なるのは、問題5では、選択肢がそれぞれ「助かる」といった肯定的な枠組みで表現されているのに対し、問題6では、「死亡する」といった否定的な枠組みで表現されていることである。

すなわち、実質的に同じ内容であるにもかかわらず、問題5のように肯定的な枠組みでは確実性の高い選択肢が選ばれやすく、問題6のように否定的な枠組みではギャンブル性の高い選択肢が選ばれやすいのである。

このように、私たちは意思決定をする際に、実質的には同じ選択肢であっても表現の違いによって受け取られ方（心的構え）が異なると、異なる結論を導くことが知られており、こうした現象を**フレーミング効果**という。

これまで見てきたように、私たちの思考にはさまざまな特徴がある。私たちの思考は、コンピュータによる演算とは異なり、確率的な判断や論理的な推論における「正しい」答えとは別の答えを導くこともある。日常生活のさまざまな状況において、適切な判断や解決を導くためにも、こうした思考の特徴を理解しておくことは重要である。

次節では、こうした思考を支える能力として、「知能」を取り上げ、知能とは何かについて考えてみることにしよう。

3. 知能とは何か

知能とは何だろうか。一般的に、知能といえば、いわゆる頭のよさを思い浮かべるかもしれない。それでは、あなたが普段、頭がよいと思う人たちを思い浮かべて、その人たちがなぜ頭がよいといえるのか考えてみよう。計算能力が高いこと、知識が豊富なこと、創造性豊かであること、人づきあいがうまいことなど、人によって頭のよさの基準はさまざまである。このように考えると、単に頭のよさといってもそれを厳密に定義することは困難であることがわかるだろう。

これと同様に、知能とは何かについても、多くの考え方があり、研究者に

よってもその定義はさまざまである。ここでは、知能とは何かを探るために、知能に対する考え方について代表的なものをいくつか取り上げて説明する。

イギリスの心理学者であるスピアマンは、児童を対象にさまざまなテストを実施し、その得点を因子分析と呼ばれる統計的手法を用いて分析した。そして、その結果、どのテストの問題を解くためにも必要とされる共通した能力（因子）があることを見出した。また、この結果からスピアマンは、知能は、さまざまな領域に共通した能力である**一般知能**（g因子）と個々の領域に特有の能力である**特殊知能**（s因子）の2つの要素（因子）から構成されていると考えた。この考え方は**知能の二因子説**と呼ばれている。

それに対し、サーストンは、成人を対象としてさまざまなテストを実施、分析した結果から、一般知能の存在を否定し、知能はさまざまな領域に共通した能力ではなく、複数の要素から構成されたものだと考えた。具体的には、空間因子（空間状況を把握する能力）、数因子（数の演算に関する能力）、知覚的速度因子（知覚の速さに関する能力）、記憶因子（暗記能力）、言語因子（文章理解などの言語的理解能力）、語の流暢性因子（語の発想の流暢さの能力）、推理因子（推論能力）の7つの因子をあげている。こうしたサーストンの考え方は、**知能の多因子説**と呼ばれている。

その後、スピアマンの影響を受けたキャッテルは、一般知能の存在を支持し、一般知能は**流動性知能**と**結晶性知能**の2つの要素で構成されていると考えた。流動性知能とは、記憶力や思考の柔軟性、抽象的推論能力など、問題解決場面のように新たな状況に対処する際に働く知能である。流動性知能は、生得的なものだと考えられており、成長と共に高まるが成人期でピークとなり、その後は加齢と共に低下していく。これに対し、結晶性知能とは、経験や学習により獲得された知識や技能を用いる能力である。結晶性知能は、環境的に規定されるものだと考えられており、加齢と共に増加する。このキャッテルの考え方は、弟子のホーンによって拡張され、認知的処理速度や視覚的知能などのいくつかの知能が追加された。

しかし、その後、こうしたキャッテルやホーンの考え方を踏まえ、キャロ

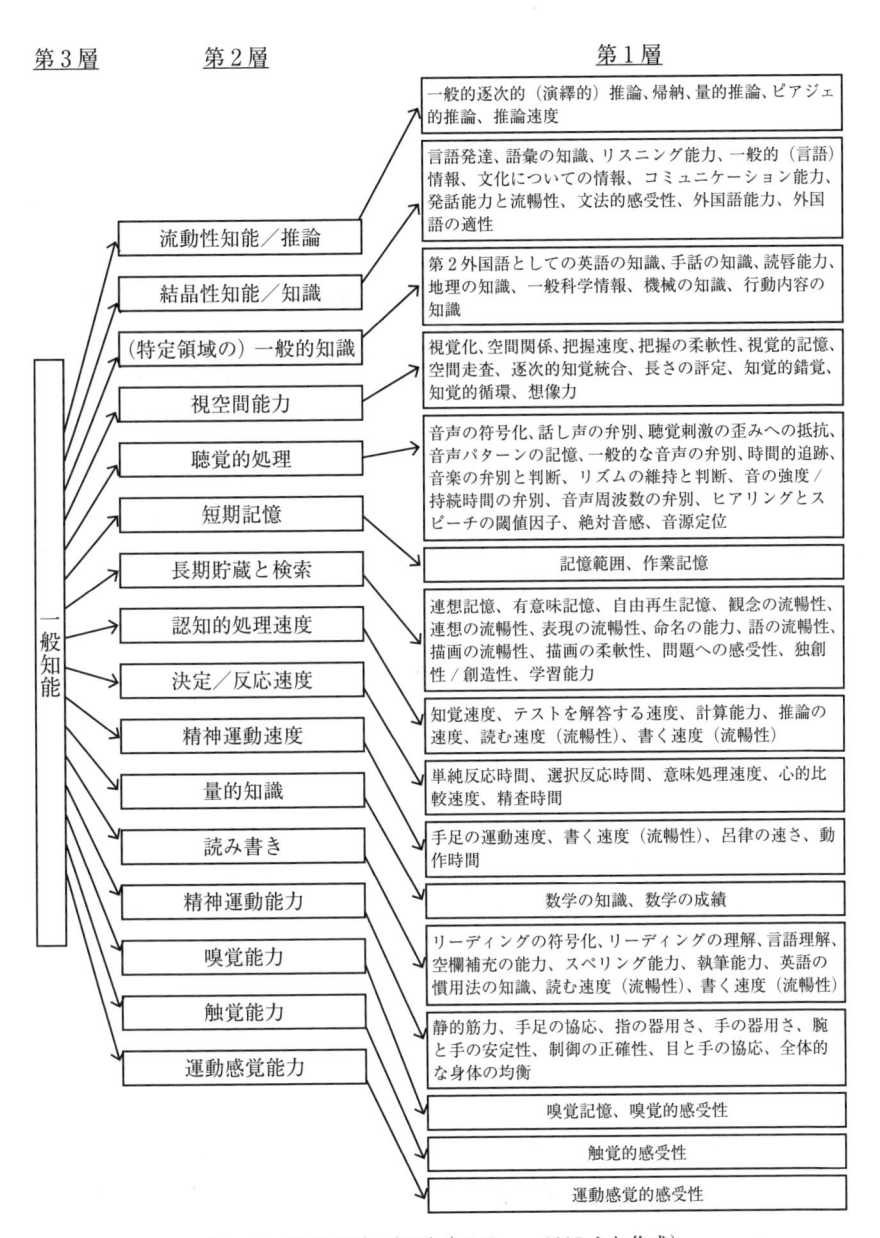

第3層	第2層	第1層
一般知能	流動性知能／推論	一般的逐次的（演繹的）推論、帰納、量的推論、ピアジェ的推論、推論速度
	結晶性知能／知識	言語発達、語彙の知識、リスニング能力、一般的（言語）情報、文化についての情報、コミュニケーション能力、発話能力と流暢性、文法的感受性、外国語能力、外国語の適性
	（特定領域の）一般的知識	第2外国語としての英語の知識、手話の知識、読唇能力、地理の知識、一般科学情報、機械の知識、行動内容の知識
	視空間能力	視覚化、空間関係、把握速度、把握の柔軟性、視覚的記憶、空間走査、逐次的知覚統合、長さの評定、知覚的錯覚、知覚的循環、想像力
	聴覚的処理	音声の符号化、話し声の弁別、聴覚刺激の歪みへの抵抗、音声パターンの記憶、一般的な音声の弁別、時間の追跡、音楽の弁別と判断、リズムの維持と判断、音の強度／持続時間の弁別、音声周波数の弁別、ヒアリングとスピーチの閾値因子、絶対音感、音源定位
	短期記憶	記憶範囲、作業記憶
	長期貯蔵と検索	連想記憶、有意味記憶、自由再生記憶、観念の流暢性、連想の流暢性、表現の流暢性、命名の能力、語の流暢性、描画の流暢性、描画の柔軟性、問題への感受性、独創性／創造性、学習能力
	認知的処理速度	知覚速度、テストを解答する速度、計算能力、推論の速度、読む速度（流暢性）、書く速度（流暢性）
	決定／反応速度	単純反応時間、選択反応時間、意味処理速度、心的比較速度、精査時間
	精神運動速度	手足の運動速度、書く速度（流暢性）、呂律の速さ、動作時間
	量的知識	数学の知識、数学の成績
	読み書き	リーディングの符号化、リーディングの理解、言語理解、空欄補充の能力、スペリング能力、執筆能力、英語の慣用法の知識、読む速度（流暢性）、書く速度（流暢性）
	精神運動能力	静的筋力、手足の協応、指の器用さ、手の器用さ、腕と手の安定性、制御の正確性、目と手の協応、全体的な身体の均衡
	嗅覚能力	嗅覚記憶、嗅覚的感受性
	触覚能力	触覚的感受性
	運動感覚能力	運動感覚的感受性

図4-4 CHC理論の概要（McGrew, 2005より作成）

4章 思考と知能

ルは、知能を3つの階層構造で説明した。彼は、最下層に70の特殊な能力因子があり、そのうえの中間層にキャッテルやホーンの考えた能力因子と同様の8つの能力因子があると考えた。そして、最上層にあるのが、一般知能であると考えたのである。このキャロルの考え方は、**三層理論**と呼ばれている。

これらキャッテル、ホーン、キャロルの考え方は、後に、**CHC理論**としてまとめられている（CHCは、キャッテル、ホーン、キャロルの頭文字から取られたものである）。この理論では、三層理論と同様に、知能を階層的にとらえ、最下層（第1層）は、より狭い能力の因子、そのうえの層（第2層）は、流動性知能や結晶性知能などを含む、より広い能力の因子で構成されていると考えられている（図4-4参照）。最上層（第3層）に一般知能を想定するかどうかについては現在も議論が続いているが、CHC理論は、さまざまな実証研究によってその妥当性が確かめられており、現在の知能理論のなかでも特に注目されている理論の1つである。

4．知能検査

知能には、さまざまな領域の能力が関係している。たとえば、ある人は記憶力に優れているが、コミュニケーション能力はそれほどでもないといったように、さまざまな領域の能力の程度、すなわち、知能の程度には個人差がある。そのような知能の個人差を客観的に測定するための測定用具が**知能検査**である。知能検査は、これまでにさまざまなものが開発されている。ここでは、それら知能検査のなかでも代表的なものを紹介する。

(1) ビネー式知能検査

フランスの心理学者ビネーは、20世紀初頭に実用的な知能検査をはじめて開発した。この知能検査は、子どもを対象に発達に遅れがあるかどうかを診断するために作成されたものである。この検査は、最初の問題は3歳児がある程度解ける問題、次は4歳児がある程度解ける問題といったように、そ

れぞれの年齢に達しないと回答できないような問題で構成され、年齢段階ごとに順番に並べられている。そして、どの年齢段階の問題まで解けたかを測定結果として表し、それを**精神年齢**と呼んだ。

　その後、アメリカの心理学者ターマンが、この検査を改訂し、スタンフォード－ビネー検査を開発した。この検査では、測定結果の表示方法として、精神年齢ではなく、**知能指数**（IQ：Intelligence Quotient）が採用された。ここでの知能指数は、$\dfrac{\text{精神年齢}}{\text{生活年齢（実際の年齢）}} \times 100$ で計算されるが、現在ではこの計算方法は用いられていない。

(2) ウェクスラー式知能検査

　アメリカの心理学者ウェクスラーは、1937年にウェクスラー－ベルビュー知能検査を開発した。この検査は、主に一般的知識などの言語性に関する検査と、絵画完成などの動作性に関する検査の2つに分けられている。これらの検査の総合得点は、**偏差IQ**と呼ばれる数値で表される。偏差IQは、$\dfrac{\text{各個人の得点}-\text{当該年齢の平均点}}{\text{当該年齢の標準偏差}} \times 15 + 100$ で算出される。

　なお、この検査については、適用年齢によって、成人用（WAIS：Wechsler Adult Intelligence Scale）、児童用（WISC：Wechsler Intelligence Scale for Children）、幼児用（WPPSI：Wechsler Preschool and Primary Scale of Intelligence）も開発されている。これらの検査は、現在までに改訂が重ねられ、日本でも利用されている。

(3) 集団式知能検査

　上記2種類の検査は、検査者と1対1で実施する形式の個別式検査である。個別式検査は詳細な検査が可能であるが、実施には手間や時間がかかる。これに対し、集団式知能検査は検査用紙とペンのみを用いて集団で一斉に実施できる検査である。集団式知能検査にはさまざまなものがあるが、代表的なものとしては、主に言語性に関する問題からなるA式と、動作性に関する問題からなるB式、それらの混合であるC式（AB混合式）がある。

以上のように、知能検査は、知能をIQといった客観的な数値で表すことができ、非常に有用な道具だといえる。しかし、他方では知能とは何かについてさまざまな考え方があり、それぞれの知能検査で測定している知能の本質については議論の余地があるとも考えられる。また、IQという知能の数値化は、誤解や偏見を生み出すこともある。そのため、知能検査の結果を解釈する際には、それぞれの知能検査の性質についてよく考える必要がある。

5. 知能の遺伝と環境の影響

　「氏より育ち」ということわざがある。血筋よりも環境や教育の方が人間を作るうえで大切だというたとえである。
　しかし、心理学においては、知能やパーソナリティなどは遺伝するものなのか、教育などの環境によって形成されるものなのか、すなわち、「氏か育ちか」について、さまざまな議論がなされてきた。
　こうした**遺伝**と**環境**の影響を調べるための方法の1つに**双生児法**がある。双生児法とは、知能やパーソナリティなどの特定の性質を取り上げ、それらの性質について、一卵性双生児と二卵性双生児の類似度を比較する方法である。一卵性双生児は遺伝的にまったく同じ性質であるが、二卵性双生児の遺伝的な類似度はきょうだいと同じである。すなわち、ある特定の性質について、一卵性双生児と二卵性双生児の類似度を比べ、もし一卵性双生児での類似度の方が高いのであれば、その性質は遺伝的な影響を受けていると考えることができる。
　図4-5は、双生児法によってIQの類似度の程度（相関係数）を調べた結果である。ここでは、一卵性双生児、二卵性双生児などの遺伝的形質の区別だけでなく、一緒に育てられたかどうかを区別した検討を行っている。
　全般的に、一卵性双生児と二卵性双生児の類似度を比べてみると、一卵性双生児の方が類似度が高い。これは、知能が遺伝的な影響を受けていることを示している。

関係	相関係数
一緒に育てられた一卵性双生児	0.86
別々に育てられた一卵性双生児	0.72
一緒に育てられた二卵性双生児	0.60
一緒に育てられたきょうだい	0.47
別々に育てられたきょうだい	0.24

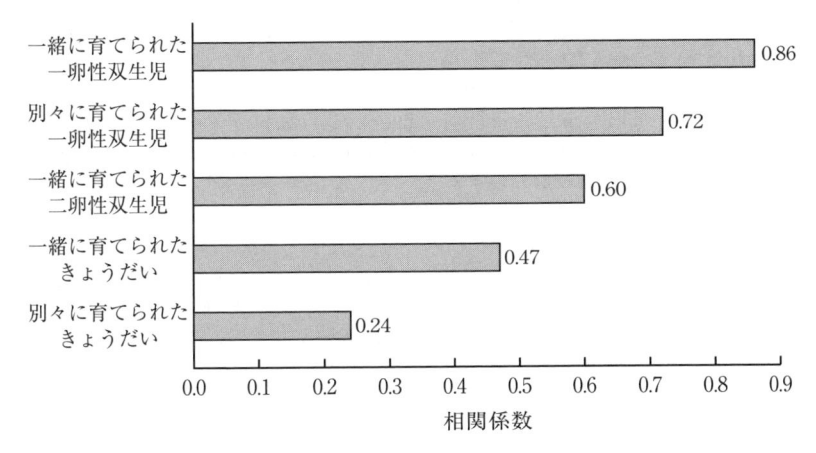

図4-5 さまざまな関係性におけるIQの相関（Bouchard & McGue, 1981より作成）

一方で、一緒に育てられた一卵性双生児と別々に育てられた一卵性双生児、一緒に育てられたきょうだいと別々に育てられたきょうだいを比べてみると、共に、「一緒に育てられた」方が知能の類似度が高い。こうした結果は、遺伝だけでなく、環境も知能に重要な影響を及ぼしていることを示している。

このように、知能には遺伝と環境の両方が影響しており、どちらが重要かについては一概にはいえない。知能の側面によっても、それぞれの影響力が異なるかもしれない。遺伝と環境が互いにさまざまに作用し合っていると考えるべきだろう。

引用文献

Bouchard, T. J., & McGue, M. (1981). Familial studies of intelligence: A review. *Science*, 212, 1055-1058.

Duncker, K. (1945). On problem solving. *Psychological Monographs*, 58, 1-113.

Kahneman, D., & Tversky, A. (1973). On the psychology of prediction. *Psychological Review*, 80, 237-251.

McGrew, K. S. (2005). The Cattell-Horn-Carroll theory of cognitive abilities: Past, present, and future. In D. P. Flanagan, & P. L. Harrison (Eds.), *Contemporary intellectual assessment: Theories, test, and issues*. 2nd ed. New York: The Guilford Press, pp.136-181.

Tversky, A., & Kahneman, D. (1981). The framing of decisions and the psychology of choice. *Science*, 211, 453-458.

Tversky, A. & Kahneman, D. (1983). Extensional versus intuitive reasoning: The conjunction fallacy in probability judgment. *Psychological Review*, 10, 293-315.

Wason, P. C. (1966). Reasoning. In B. Foss (Ed.), *New Horizons in psychology*, London: Penguin, pp.135-151.

(下田俊介)

5章　学　　習

　梅干しを見ただけで唾液が出る。飼育員の合図でアシカがフラフープを回す。コーチの動きを真似しながらダンスのふりつけを覚える。友人が失言をして叱られるのを見て、自分は失言を避ける。パソコンのブラインドタッチができるようになる。これらは全て学習の結果である。

　心理学でいう「学習」は、学校での勉強だけを指すものではない。学習は、具体的には「経験や訓練によって生じる、比較的長く持続する行動の変化である」と定義されている。この世界は何が起こるかわからない不確定要素に満たされているため、動物は、生まれる前から全てに備えておくことは不可能である。そのため動物には、経験を経て学習するという、不確定要素の多い世界でうまく生きていくための巧妙なしくみがある。

　以下では、基本的な学習と、少し複雑な学習のうち、特に私たちのふだんの生活に関わりの深いものに焦点を当てて、そのしくみを紹介する。人間がいかに学習によってこの世界を生き抜いているのか、考えてみよう。

1. 古典的条件づけ

(1) 古典的条件づけの成立

　イヌの口のなかにエサを入れてやると、無条件に唾液が出る。また、イヌにベルの音を聞かせても、それだけで唾液は出ない。しかし、イヌにベルの音を聞かせてから口のなかにエサを入れてやることを繰り返すと、そのうちイヌはベルの音を聞いただけで唾液が出るようになる。イヌがエサという刺

激とベルの音という刺激の関連（**連合**と呼ぶ）を学習したためである。こうした学習を**古典的条件づけ**と呼ぶ。古典的条件づけは、パヴロフがイヌを使って実験をしていたときに発見されたので、パヴロフ型条件づけとも呼ばれる。

ヒトをはじめ多くの動物は、食べ物を口に入れると唾液が出るし、眼球に光を当てると瞳孔が縮まる（ネコの瞳を思い出してみよう）。このような反応は多くの動物に生まれつき備わっているものである。心理学では、これらの反応を**無条件反応**と呼び、無条件反応を必ず引き起こす刺激を**無条件刺激**と呼ぶ。たとえば口のなかに入った食べ物という無条件刺激は唾液の分泌という無条件反応を引き起こすし、光という無条件刺激は瞳孔の収縮という無条件反応を引き起こす。

一方、無条件反応を引き起こさない刺激を**中性刺激**と呼ぶ。たとえばベルの音は、唾液分泌や瞳孔収縮という反応との関係においては中性刺激である。しかし、パヴロフの実験で使われたイヌは、無条件刺激である食べ物と中性刺激であるベルの音を対にして何度も呈示されることによって、中性刺激であったはずのベルの音だけで唾液分泌という無条件反応を引き起こすようになった。イヌは、無条件刺激と中性刺激の連合を学習したのである。ここで、条件反応を引き起こすようになった中性刺激を**条件刺激**と呼ぶ。また、条件刺激によって生じるようになった無条件反応を**条件反応**と呼ぶ。そして、条件刺激にしたい中性刺激と無条件刺激を対呈示する手続きを**強化**と呼ぶ。

(2) 条件反応の消去と般化

古典的条件づけによって形成された条件反応は、消失したり、ほかの刺激に対しても生じるようになったりすることがある。

たとえば、パヴロフの実験でベルの音と唾液分泌の条件づけが成立した後、イヌに無条件刺激であるエサを与えずに条件刺激であるベルの音だけを聞かせることを続けると、次第にベルの音を聞かせるだけでは唾液が出なくなる。これを**消去**と呼ぶ。名前の通り、学習したはずの連合が「消えた」ように見えるが、完全に消えてしまったわけではない。しばらく条件刺激も無条件刺激も呈示せずにおいてから、改めて条件刺激だけを呈示すると、条件づけが

成立したときほど強くはないが、再び条件反応を示すようになる。

　次に、となりの家のイヌに会うと必ず吠えられて恐怖に身がすくむ、という経験をしている人のことを想像してほしい。そのような人は、大きな吠え声という無条件刺激ととなりの家のイヌの姿という条件刺激の連合を学習してしまい、となりの家のイヌを見るだけで身がすくむという条件反応を示すようになるだろう。さらに、となりの家のイヌだけでなく、街なかやテレビなどで別のイヌを見ても身がすくむようにもなるだろう。このように、条件刺激に似た別の刺激に対しても条件反応が生じることを**般化**と呼ぶ。

　身がすくむなどの恐怖反応は、そこから逃げ出すための準備状態のようなものである。大きな声で吠えてきて自分に害をもたらすかもしれないイヌは、となりの家のイヌだけとは限らないので、ほかのイヌに対しても恐怖を感じることは、安全に逃げられる可能性という観点では適応的なものといえる。

　ただしこうした作用が過剰になると、日常生活に支障が出るかもしれない。たとえば道の反対側をすれ違うイヌはおろか、店頭に貼り出されたイヌの写真にすら恐怖を感じて発作を起こすようになったら、おちおち外も歩けない。しかし、過剰な恐怖反応や恐怖症が学習の結果であるならば、消去のしくみを利用することによって、これを治療することもできるはずである。こうした治療法を行動療法と呼ぶ。

（3）　生物的制約

　適応という点では、どのような刺激でも条件づけができるわけではないという事実も興味深い。ガルシアらは、実験用のネズミに甘みをつけた水を与え、ネズミがその水を飲むと同時に薬品を投与して、1時間ほど後にネズミがこの薬品のせいで吐き気をもよおすようにした。ここでは、薬品成分が無条件刺激、甘みが条件刺激である。吐き気は無条件反応であり、甘みと関連づけられる条件反応でもある。その結果、実験で、甘い水を飲んで1時間後に吐き気をもよおしたネズミは、そのたった1度の経験で甘い水を避けるようになった。一方、甘い水を与え、ネズミがそれを飲むと同時に軽い電気ショックを与えるようにした実験では、ネズミが甘い水を避けるような反応

はそれほど見られなかった。このように、飲食物の味覚と不快な内臓感覚が関連づけられてその飲食物を嫌うようになることを**味覚嫌悪学習**と呼ぶ。

　飲食のしばらく後に吐き気が起こるということは現実にもよくあるが、何かを飲むと足の裏に軽いショックが起こるということは通常ありえない。このように、条件刺激と条件反応の関係には、その生物種にとって環境への適応のためにそれなりに意味のあるものでないと条件づけが成立しないという生物的制約があると考えられる。ヒトにおいても、たとえば映画を観た直後にお腹が痛くなったからといって、まるで腹痛の原因が映画であるかのように、その映画を2度と観ないようにすることはないだろう。それよりも、数時間前に弁当を食べていたのなら、今後はそれを避けるようになるはずだ。

　なお、味覚嫌悪学習が他の古典的条件づけと違う点は、1度の対呈示でも生じる点と、刺激の呈示から反応までの間に時間が空いているにもかかわらず条件づけが成立する点である。これがもし、パヴロフのイヌの実験のように、複数回、しかも刺激呈示の直後に反応が現れるという形でなければ条件づけが成立しないとしたら、食べてはいけないものを避けることを学習する前に健康を害してしまうかもしれない。吐き気がするくらいならよいが、食べたものがもし毒だったらどうだろうか。一口に古典的条件づけといっても、その状況や内容により学習の成立の仕方は異なるのだ。

2. オペラント条件づけ

(1) オペラント条件づけの成立

　歩く、物を手に取る、匂いをかぐ、複数の物のなかから1つを選ぶなど、ヒトをはじめ動物が日常取る行動の多くは、生得的な反応ではなく自分の方から働きかける自発的行動である。知人を見かけたので声をかける、シャツの縫い目から糸が出ていたので引っ張ってみるなど、自発的行動にはそのきっかけとなる刺激があることが多い。

　これらの行動を取る頻度は、その行動によってどのような結果がもたらさ

れたかという経験によって変わっていく。知人を見かけて声をかけたところ、相手が笑顔で挨拶を返してくれたならば、その後はその人を見かける度に声をかけるようになっていくだろう。一方、相手が露骨に嫌そうな顔をしてそっぽを向いてしまったら、それ以降その人に声をかけることは減るだろう。ある状況で個体が自発的に何らかの行動を示し、それに対してその個体にとって好ましい結果が得られると、その行動の頻度は上がり、逆に好ましくない結果がもたらされると、その行動の頻度は下がる。このように、ある状況での自発的行動とその結果の連合を学習することによって、その行動の頻度が変化することを**オペラント条件づけ**と呼ぶ。

　なお、行動と結果の間に客観的な因果関係がなくても、行動する本人にとって行動と結果の連合が形成されれば、条件づけは成立する。たとえば、テニスでサーブを打つ前にボールを2回はたくとサーブが入りやすいとか、特定のシャープペンを使うと試験でよい点が取れる、などといったような、因果関係はありえないと頭では知りつつも実践していることはないだろうか。実際にはそこに因果関係がないにもかかわらず、偶然、ある行動の後に、ある一定の事象が起きる、という経験をした結果、行動と事象の間に因果関係があるように感じ、同じような状況で儀礼的にその行動を取るようになることがある。これはジンクスや迷信行動として知られているものである。

　また、日常の行動において個人のなかで行動の結果がどのようなものと解釈されているのかは、客観的な解釈と一致しない場合もある。たとえば、いくら叱っても母親を叩くことをやめない幼児は、母親に叱られるという結果を罰ではなく報酬ととらえている可能性がある。その幼児は、母親から注目され、母親にかまってもらいたいために、母親という刺激に対して叩くという行動を取った結果、叱るという形ではあるものの母親に注意を向けてもらえるという報酬が得られたので、母親を叩く頻度が上がっている、と考えられる。

　動物が芸をするしくみもオペラント条件づけで説明できるが、アシカが首でフラフープを回すというような複雑な行動は、もちろんいきなり自発的に

生じたりしない。こうした行動が生じるのは、単純な行動から徐々に複雑な行動を学習させていく**シェイピング**という方法を用いているからである。たとえば最初はアシカがフラフープに触れたらエサを与えるということを繰り返す。触れるくらいはアシカも何かのはずみで偶然行うだろう。そのうちアシカが喜んでフラフープに触れるようになったら、次はフラフープに触れるだけではエサを与えず、偶然でもよいのでそれを口にくわえたらエサを与えるようにする。これを繰り返してアシカがフラフープを自発的にくわえるようになったら、今度はフラフープをくわえてそれを持ち上げたときにエサを与える。さらに次は……というように、完成形の行動を細かく分解して、徐々にその行動を強化していく。

(2) 条件づけの方法と強化スケジュール

オペラント条件づけにおいて、ある行動を取ったらごほうびなどの報酬刺激を与えたり、騒音など不快をもたらす嫌悪刺激を取り除いてやったりすることによって、その行動の頻度を高めようとすることを**強化**と呼ぶ。また、ある行動をしたら叱責するなどして嫌悪刺激を与えたり、持ち物やお金などの報酬刺激を没収したりすることによって、その行動の頻度を低めようとすることを**罰**と呼ぶ。表5-1はこれら4種類の条件づけを整理したものである。

実験室のなかで特定の行動を強化しようというのであれば、じっと行動主体を観察して、行動主体がその行動をしたら必ず強化するという**連続強化**ができるが、日常生活ではそうはいかない。たとえば知人を見かけて声をかけても、時には気づいてもらえなかったりおざなりの会釈しかしてもらえなかったりして、強化されないことがあるだろう。しかし、1度その行動が強化さ

表5-1 強化と罰の種類

刺激の種類	刺激の操作	
	呈示する	除去する・呈示を遅らせる
報酬刺激	正の強化（行動頻度↗）	負の罰（行動頻度↘）
嫌悪刺激	正の罰（行動頻度↘）	負の強化（行動頻度↗）

れなかったからといって、いきなりその行動が消えるわけではない。さらにいえば、むしろ行動の一部しか強化しない**部分強化**の方が、連続強化よりもその行動が維持されやすくなることがある。たとえば、気になる相手をデートに誘うという行動は、毎回応じてもらえた場合、すなわち連続強化された場合よりも、ある時は断られ、ある時は応じてもらえた、というように、部分強化された場合の方が、その後で断られ続けるようになってからも維持されやすい。

　なお、一定回数反応するごとに強化する、一定時間経過するごとに強化するというような、反応に対する強化の仕方を**強化スケジュール**と呼ぶ。これまでの研究から、学習の内容やスケジュールの種類によって、学習の成立しやすさや消去されやすさが異なることがわかっている。以下、4つの基本的な強化スケジュールと、その現実世界での例を紹介しよう。

　固定間隔スケジュール（FI：Fixed-Interval Schedule）は、前の強化から一定時間経った後の最初の反応に強化を与える。仕事のがんばりにかかわらず1カ月ごとに支払われる給料などがこれに相当する。**変動間隔スケジュール**（VI：Variable-Interval Schedule）は、強化が得られるまでの時間が毎回変動するものである。大好きな歌手のブログが不定期更新だと、次に新しい記事が載るのはいつかと度々ブログを見に行くことなどである。**固定比率スケジュール**（FR：Fixed-Ratio Schedule）は、一定回数反応するごとに強化を与える。店を5回利用するごとに1枚クーポン券がもらえるような場合がこれに相当する。**変動比率スケジュール**（VR：Variable-Ratio Schedule）は、何回か反応するごとに強化を与えるが、必要な反応回数は変動する。ギャンブルは賭けるという反応に対して時々払い戻しという報酬が得られるが、払い戻しが得られるまでの回数は変動するため、予測できない。なお、変動比率スケジュールは、4つの基本的な強化スケジュールのなかで最も反応率（一定時間当たりの反応回数）が高いことがわかっている。人がギャンブルに夢中になりやすく抜け出しにくい理由が、これで説明できる。

(3) 学習性無力感

　学習されるのは、行為主体にとって好ましいことばかりではない。無気力や諦めという、本人にとって好ましいとはいえないものを学習してしまうこともある。

　セリグマンは、イヌを使った実験で、**学習性無力感**と呼ばれる現象があることを明らかにした。低い囲いのなかにイヌを入れ、囲いのなかの床に軽い電気ショックを流す。すると、通常イヌは囲いを飛び越えて外へ出て、電気ショックから逃げる。実験では、まずイヌをハンモックのようなものに固定して逃げられないようにしたうえで、後脚に軽い電気ショックを流した。すると、最初のうち、イヌは何とか電気ショックから逃げようと試行錯誤をしたが、何十回か電気ショックを与えると、諦めたように動かなくなり、電気ショックを流してもただ耐えているようになった。そして、そうなると、ハンモックを外して囲いから自由に出られるようにして電気ショックを流しても、イヌは自由に囲いの外へ出られる状況にいるにもかかわらず、囲いのなかでうずくまって電気ショックに耐えるようになってしまった。自分がどうあがいても不快な事態から逃げられず、無力であることを学習した結果、不快な事態から逃げられる状況になっても、逃げるという行動を起こせなくなってしまったのである。

　学校の勉強でも、最初は簡単な問題に取り組んで「自分は問題を解ける」という強化を受けながら、だんだん問題の難易度を上げていけば勉強は進むだろうが、最初に難しい問題に直面して「自分は何をしてもだめだ」という無力感を学習してしまうと、その後は本来の実力があればできるはずの簡単な問題すら解けなくなってしまう。

　勉強ができない、勉強する意欲がないとみなされてしまっている人も、本人の能力や意欲とは異なる原因で勉強ができなくなってしまっている可能性があるのではないだろうか。

3. 認知的な学習

(1) 試行錯誤と洞察

条件づけは実際に行動を繰り返すことで習得される学習だが、私たちの普段の生活を考えてみると、学習が成立するまで何度も同じ行動を繰り返す機会があるものばかりではない。日々直面するはじめての事態にうまく対処できていることも多々ある。ここまでの話では、刺激と行動という外部から見えるものにばかり注目してきたが、実際には、学習の最中に学習者の頭のなかでも何らかの変化が生じており、実際の行動として表出されなくても学習は進んでいる可能性があると考えられる。

たとえば、知恵の輪を渡して「これが解けたらおやつをあげる」といったとしたら、子どもははりきって、絡まり合った2つの金属製部品を外そうとするだろう。まずは2つの部品を力まかせに引っ張ってみたり、ガチャガチャと動かしてみたりするのではないだろうか。そして、いろいろと動かしているうちに偶然2つの輪が外れるかもしれない。次に、この知恵の輪をつなぎ直してもう1度解かせたら、今度はただ力まかせに引っ張ることはあまりせず、前回ほど時間をかけずに解けるだろう。さらにもう1度知恵の輪をつなぎ直して知恵の輪を解くという課題を繰り返すうちに、知恵の輪を解くうえで無用な行動は減り、知恵の輪を解くために必要な動作だけが残っていく。このように、**試行錯誤**による学習は、その名の通り何度も試行を重ね失敗もしながら徐々に成立するものである。

一方、大人に知恵の輪を渡して解かせた場合、はじめて見る形の知恵の輪であっても、子どものように力まかせに引っ張るようなことはしないだろう。金属製の部品のねじってある部分や交差している部分など、この部分を噛み合わせれば外せるのではないか、などと、ある程度予想を立てて部品を動かすのではないだろうか。そして、子どもの例ほどあれこれ試すことはなく、うまくすればたった1回の動きで見事に解いてしまうかもしれない。このように、**洞察**による学習は、過去の経験やその場の状況に関する情報を勘案し

て、全体の見通しを立てて一気に成立する。いわゆるひらめきである。

(2) 社会的学習

　自分が直接経験したことでしか学習できないとしたら、私たちの人生はかなり貧弱なものになるだろう。たとえば、ミカンの食べ方はどのように学習したのだろうか。何も知らなければ、丸ごとかぶりついてみるなどの試行錯誤をして、どうやら外側の皮はむいた方が美味しいと気づくまでに時間がかかるだろう。1つひとつの食べ物についていちいち試行錯誤をしていたら、美味しい食べ方に気づくまでに時間がかかったり、美味しく食べられるものであることに気づけなかったりするだろう。しかし実際には、私たちはミカンの食べ方をはじめ、複雑な手続きを要する食べ物の食べ方も小さい頃からかなり知っている。例にあげたミカンの食べ方は、おそらく、子どもの頃に家族がミカンの皮をむく動作を見て、その食べ方を覚えたのではないだろうか。家族が房の白い筋まできれいに取る人であったならば、あなたもきっとそうしたむき方をしているだろう。このように、自分の直接経験でなく他者による代理経験を通じて行われる学習を**社会的学習**と呼ぶ。ヒトをはじめ群れをなす生き物は、他者（モデル）の行動を観察し、模倣することによっても学習できるのである。他者の踊りを見て自分も同じように踊ってみたり、最初は他者に連れて行ってもらった場所への道を次は自分1人でたどってみたりするのは**模倣学習**である。正しく模倣ができれば、きれいに踊れる、目的地に正しく着けるなどの報酬が得られる。なお、他者が不要な発言をして叱られるのを観察した後、その発言を模倣したら自分も叱られてしまう。このような場合は、模倣はしないが、観察によって不要な発言を避けることは学習しているので、模倣学習ではなく**観察学習**と呼ぶ。

　なお、本人がこれを学習しようと積極的に意識しなくても観察学習は成立する。バンデューラは、大人がビニール製の人形をたたいたり蹴飛ばしたりする様子を子どもに観察させ、その後、先に見たのと同じ人形がある部屋へ子どもを連れて行って自由に遊ばせた。その結果、大人が人形に乱暴な行動をする様子を観察した子どもはそうした観察をしなかった子どもに比べて、

同じように乱暴な行動を多く取った。子どもが大人をモデルとしてその行動を観察した結果、人形への乱暴な行動を学習したのである。

4. 技能学習

技能というと、車の運転、パソコンのタイピング、サックスの音の出し方や運指、バスケットボールのパスやシュートといった運動技能を指すことが多いが、技能には、将棋やしりとりなどの認知技能、利き酒やピアノの調律などの知覚技能もある。

(1) 効果的な練習をするための要因

技能は練習することによって上達する。上達とは、速く、正確に、上手に実行できるようになることである。通常、技能は練習回数を重ねるに従って上達するが、一生懸命練習をしたのに上達しなかったという経験を持っている人もいるかもしれない。しかしそれは練習の仕方がよくなかったためではないだろうか。技能学習がうまく進むかどうかを決める要因には、以下のようなものがあることがわかっている。

1つは**結果の知識**（KR：Knowledge of Results）である。練習の回数（反復）は大事だが、ただ反復するだけでは意味がない。自分が1度やってみた（試行した）後、そのやり方が正しかったのか否か、どれくらい間違っていたのかなどの結果を確認することが不可欠である。

では、結果に関するどのような知識があればよいのだろうか。たとえばタイピングの練習をする際、タイプした結果を見ることができなければタイプミスがあったかどうかもわからず、学習は進まない。バスケットボールのシュート練習でも、ボールがゴールに入ったかどうかを知ることができないと学習できない。また、ボールがゴールに入ったかどうかだけでなく、外れた場合にはゴールからどれくらい外れていたかという、誤差の量に関する知識があるとより学習が進む。

もう1つは練習の頻度と1回の練習量である。合宿や一夜漬けのように短

期集中型の学習もあれば、素振りや単語帳を使った勉強など、毎日少しずつこつこつ続けるタイプの学習もある。一体どちらが効果的なのだろうか。

　一定量の練習を、間を空けず一気にまとめて行う学習を**集中学習**と呼び、休憩を挟んだり複数日に分けたりしながら少しずつ行う学習を**分散学習**と呼ぶ。どちらの方法がより効果的かは、学習しようとする技能の内容や難易度によって異なる。たとえばペン字の練習をする際に、集中して一気に1000回書こうとしても途中から飽きや疲労が来てうまく書けなくなってしまう。おそらく1日100回を10日間など、分散させる方がよいだろう。一方、投球フォームの練習などは、体のウォームアップをするのにある程度時間がかかるうえ、何度もやってみてようやくあるときふとコツをつかむことができるようなものなので、少なくともコツをつかむまでは集中して続ける方がよいだろう。

(2)　学習の転移

　アイススケートの経験者は、はじめてローラースケートをやったとしても、すぐにうまく滑れるようになるだろう。このように、前の学習が後の学習に影響を与えることを**転移**と呼ぶ。なお、前の学習によって後の学習が進みやすくなることを**正の転移**と呼び、後の学習が進みにくくなることを**負の転移**と呼ぶ。では、アイススケートの経験者がはじめてスキーをやったらどうなるだろうか。さまざまな要因の影響によって、正の転移が生じる可能性も、負の転移が生じる可能性もあるだろう。

　正負どちらの転移が生じるか、どの程度転移するかを決める要因の1つは、課題の要素の類似性である。アイススケートとローラースケートは、平らなところを滑り、曲がる際には内側の足に体重をかけるという類似点がある。一方、スキーは斜面を滑り、曲がる際には外側の足に体重をかけるので、スケートとはあまり似ておらず、上の例では負の転移が生じるかもしれない。

　なお、別の要因として、前後の学習が共通する一般原理や学習方法を持つこともあげられる。スケートもスキーも、足下でなく進行方向のやや先の方を見ることや、軽く膝を曲げてやや前傾姿勢を取ることなど、「滑る」とい

う動作をするための姿勢の基本は共通している。したがって、上の例では正の転移が生じるかもしれない。

転移に影響を与える要因は、学習者の構えやもともとの能力など、他にもさまざまあるので、ある学習でどのように転移が生じるかを明言することは難しい。とはいえ、せっかくならば正の転移を促進し、学習を次に活かしたい。そのためには、前後の学習の類似性を高めることや、学習する内容を丸暗記するのでなく基本原理をしっかり理解することなど、いろいろと工夫もできるだろう。

たくさんの要因が複雑に絡み合って幅広く変化する環境に適応するために、私たちはさまざまな形の学習を、場合によっては特に意識せずに行っている。学習をすることは不可欠だが、学習の仕方を学習し、ちょっとした意識をすることで、よりうまく適応していくことができるかもしれない。

引用文献

Bandura, A., Ross, D., & Ross, S. A. (1963). Imitation of film-mediated aggressive models. *Journal of Abnormal and Social Psychology*, **66**, 3-11.

Garcia, J., & Koelling, R. A. (1966). Relation of cue to consequence in avoidance learning. *Psychonomic Science*, **4**, 123-124.

Seligman, M. E. P., & Maier, S. F. (1967). Failure to escape traumatic shock. *Journal of Experimental Psychology*, **74**, 1-9.

（武田美亜）

6章　モチベーション

　やる気を高めるには、どうしたらよいだろうか。すぐ頭に浮かぶ答えは、「ごほうび」かもしれない。やる気を引き出す最も強力な方法として、ごほうびをあげる人は少なくない。しかし、あなたが人生で一番がんばったときのことを思い出してほしい。一生懸命になったのはごほうびのせいだろうか。世のなかを見渡せば、金銭的な報酬がなくとも、ボランティア活動に励む人もいる。人が働く理由は、何もお金だけではないのだ。

　人は状況を「解釈」することで、どのように行動するのかを決めている。報酬がなくとも、その成果や活動そのものに意義を見出すことができれば、一生懸命になるだろう。逆に、高い報酬の仕事でも、自分の能力では無理だと思ったり、疲れ切っていたりしたら、やる気が湧かないこともあるだろう。やる気が上がるかどうかは、本人の考え方にかかっているのだ。

　ある目標に向けて行動を起こし、それを継続するための心のエネルギーをモチベーションという。本章では、モチベーションに影響する要因と賢く努力するための工夫について考えてみたい。

1. モチベーションの基礎

　人は誰しも、目標を心のなかに持っている。目標とは「こうなりたい」や「こうすべき」という状態を指し示すものであり、たとえば、「宿題を片づける」「友人と仲よくする」「毎日早起きする」といった活動も目標である。

　日々の生活のなかで人はさまざまな活動に関わることになるが、それらの

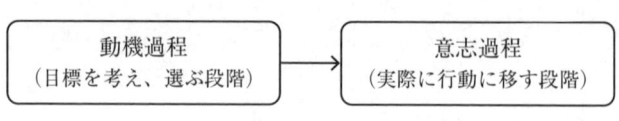

```
┌─────────────────┐      ┌─────────────────┐
│   動機過程      │ ───→ │   意志過程      │
│(目標を考え、選ぶ段階)│      │(実際に行動に移す段階)│
└─────────────────┘      └─────────────────┘
```

図6-1 目標達成に向けた心理過程

なかには自分にとって重要な目標としたくなるものと、そうでないものがある。たとえば、英語は勉強したいが、数学は嫌だといった具合である。人は活動の内容や自身の状況を評価することで、目標として取り組む対象を選んでいるのである。こうしたプロセスは**動機過程**と呼ばれ、成し遂げたいという意欲が湧いてくるかどうかに影響を及ぼす（図6-1）。

ただし、成し遂げたい目標が決まったとしても、それだけでうまくいくわけではない。たとえば、授業が終わった時点では「宿題をやるのは大切だ」と考えていたのに、何となく家でテレビを見てしまって、宿題をしそびれてしまうことがある。目標が大切だと思っていたとしても、その気持ちが実行に結びつくとは限らないのである。このように、目標に向けた行動をいつ、どのように実行に移すかに関わるプロセスが**意志過程**である。誘惑や障害に負けずに努力を重ねていくには、意志の力が問われるといえる。

以下、前半（2節、3節）では動機過程に焦点を当て、目標を成し遂げてみたいという気持ちの背後にある心の過程について説明する。また、後半（4節、5節）では意志過程に焦点を当て、努力を支える心の過程について説明する。

2. 目標達成の価値

たとえば、資格試験の勉強に励んでいる人に「どうしてがんばっているの？」と尋ねたとする。どのような答えが返ってくるだろうか。「就職に有利だから」「合格すると給与が上がるから」「格好よいところを彼女に見せたいから」など答えはさまざまだろう。しかし、これらの答えは、その目標を達成することが本人にとって**価値**がある、という点において共通している。何かに取り組もうとするとき、得られるものが大きいと思うほど、モチベー

ションは高まりやすい。反対に、得られるものが少ないと思うほど、モチベーションは低くなりやすい。

　目標達成の価値は、本人がどのように感じるかという、あくまでも主観的なものである。つまり、ある目標を達成することで得られる成果が同じでも、その成果をどのようにとらえるかによって目標達成の価値は異なる。たとえば、居酒屋のアルバイトをお金を稼ぐ場とだけ考えている人と比べ、それに加え、人づきあいの仕方を学ぶ場であるとも考えている人は、仕事から得られるものに高い価値を見出すため、モチベーションが高くなる。これを踏まえると、ある活動へのモチベーションを高めたければ、その活動の意義や魅力を探すように努めるとよいということになる。実際、「なぜ」という視点でとらえると、日々の些細な活動でも意義を見出しやすくなることがわかっている。

(1)　外発的動機づけと内発的動機づけ

　目標達成に高い価値を見出すほど、モチベーションが高まるといえるが、モチベーションの源となる価値にはどのようなものがあるだろうか。1つには、賞罰があげられる。たとえば、優れた成果に対して昇給や昇進が約束されたら、モチベーションは高まりやすいだろう。また、勉強を嫌がる子どもがいたとき、親はどうするだろうか。おこづかいアップを提案したり、叱ったりするかもしれない。同級生の友人をライバルに仕立てて、競争心に火を着けようとする親もいるかもしれない。このように、外的な刺激によって引き出されるモチベーションを**外発的動機づけ**という。外発的動機づけは、対価と引き換えに、「仕事をさせる」ことを意味する。活動内容が行為者にとって意義を見出しにくいものであるなら、その活動に取り組む価値を高めるために、対価を約束するという手法は有効だろう。

　ただし、このような外発的動機づけの性質は、時に望ましくない効果をもたらすことがある。まず、対価がなくなれば、モチベーションは下がってしまう。たとえば、子どもに勉強させるために成績に応じておこづかいを与えていたが、リストラされて貧しくなり、おこづかいをあげられなくなったと

いう場合について考えてみよう。その子どもにとって勉強はお金を稼ぐ「手段」でしかないので、お金がもらえなくなったら、勉強へのやる気は低下するだろう。また、ある基準以上の成果に対して報酬を支払うという状況下では、その水準以上にがんばることはなくなってしまう。たとえば、「80点以上なら、1000円あげる」といわれた子どもは、100点満点を目指して勉強に励むだろうか。きっと、80点を取るのに十分だと判断したら、勉強を止め、遊びに出かけてしまうことだろう。

　これに対し、その活動に取り組むことそれ自体が目的となって、やる気が湧いてくることもある。たとえば、スポーツ、おしゃれ、読書、ゲームなどで、誰にいわれたわけでもないのに、その活動に没頭するといった場合である。このように、その活動それ自体が楽しいために引き出されるモチベーションを**内発的動機づけ**という。

(2)　内発的動機づけを高めるには？

　「好きこそものの上手なれ」という言葉にあるように、活動に関心があり、楽しいならば、人は時間をかけて取り組み、深く考えようとするはずである。実際、創造性が求められる仕事では、内発的動機づけの方が外発的動機づけよりも優れた成果につながりやすい。賞罰、締め切り、監視などの外発的要因で頭がいっぱいになっているとき、創造性は低下しやすい。

　それでは、内発的動機づけを引き出すには、どうすればよいのだろうか。デシによれば、まず、「コツがわかった」や「上達した」のように、その物事をうまくできるという**有能感**が重要である。たとえスポーツが苦手な人でも、練習していくなかで「上達しつつある自分」に気づくことができれば、練習が前よりも楽しく感じられるようになるだろう。

　また、内発的動機づけを引き出すうえでは「外部からの強制でなく、自らの自由意志で決めた」という**自己決定感**も重要である。あれこれと指図され、いわれた通りに作業するだけなら、面白くないのも当然である。一方、作業内容、その進め方、チームメイト、スケジュールなどを自分で決めることができれば、自分なりに創意工夫する余地があるので、仕事そのものに面白み

を感じやすくなる。この点を重視し、社員に裁量を持たせることで、革新的なサービスを生み出そうとする企業もある。

　ただし、もともと楽しんでがんばっていた活動に対して報酬が与えられると、内発的動機づけは弱まってしまうことがある。こうした心理メカニズムは、**アンダーマイニング効果**と呼ばれる（アンダーマイニングとは悪化させるという意味である）。たとえば、楽しんでお絵かきしていた子どもに「絵を描けばごほうびをあげる」と約束して絵を描かせると、それ以降はごほうびがないとお絵かきに熱が入らなくなる (Lepper et al., 1973)。この意欲の低下は、子どもにとってのお絵かきの「意味」が変わってしまったことが原因で生じると考えられている。お絵かきは、「楽しいから自分の意志で行っていた活動」であったが、ごほうびをもらってからは「報酬を得るための手段」だとみなされるようになる。この考え方の変化は、自分の意志で主体的に活動に取り組んでいるという自己決定感を損なわせ、内発的動機づけを低下させる。

3. 目標達成への期待

　あなたが強く望んでいることがあるとしよう。たとえば、大学時代に彼氏や彼女を作るということでもいいし、ある資格を取りたいということでもいい。「達成できたらいいな」と思っているにもかかわらず、行動を起こす気になれないことは珍しくない。どうやら、価値のほかにもモチベーションに影響を及ぼす要因があるようだ。その要因とは、何だろうか。

　目標達成へのモチベーションは、「達成によって得られるものが望ましいかどうか（**価値**）」と「目標達成を期待できるかどうか（**期待**）」を総合的に評価することで決定されると考えられている。人がやる気になるのは、本人にとって価値があり、実現できると思う事柄なのである。どれほど高い価値を認めていたとしても、達成可能性が0％だと思う対象には、やる気が出ないのである。これは、どんな大きな数値でも、それに0をかけたら、答えが0になることに似ている。このように、価値と期待をかけ算したかのように、

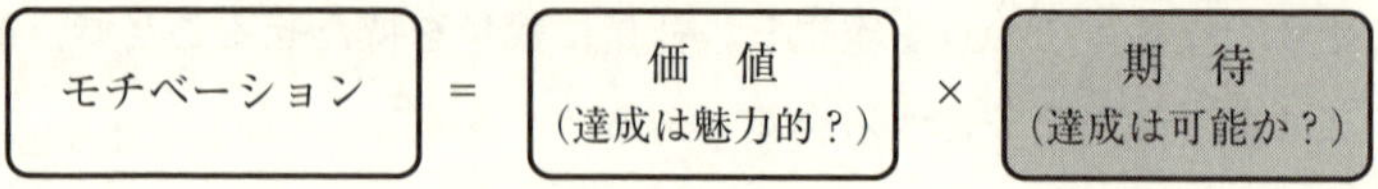

$$\boxed{モチベーション} = \boxed{\begin{array}{c}価　値\\(達成は魅力的？)\end{array}} \times \boxed{\begin{array}{c}期　待\\(達成は可能か？)\end{array}}$$

図6-2　期待価値理論

モチベーションの高さが決まるとする考え方を**期待価値理論**という（図6-2）。

　勉強は大切であると考える人は数多くいるだろうが、ノーベル賞を目指す人は稀だろう。また、スポーツにのめりこむ人々に金メダルを目指すかどうかを尋ねたら、大半の人々はノーと答えるに違いない。どれほど価値が高くても、それだけでモチベーションが高まるわけではない。「達成できる」と信じるからこそ、人は歩き出すことができるのだ。ここでは、「できる」という感覚の大切さに焦点を当てることにしよう。

（1）効力期待

　次の状況について想像してみよう。体調不良を訴える患者に対して、医者が「タバコをやめれば、元気になることができますよ」と勧めたところ、その患者は「自分にできるとはまったく思えません……」と返事をした、という状況である。

　この例について考えてみると、医者のいう「できる」と患者のいう「できる」では、意味が異なることに気づく。医者のいう「できる」は、ある行為によって特定の成果が得られるか（一般的な可能性）という意味である。この予測は、**結果期待**と呼ばれる。一方、患者のいう「できる」は、自分がその行為をうまく実行できるか（自信）という意味である。この予測は、**効力期待**と呼ばれる（図6-3）。

　それでは、モチベーションを左右するのは、どちらの「できる」だろうか。バンデューラは自己効力感の重要性を強調している。努力していくのは自分自身なので、自分にとっての意味がモチベーションを左右するのである。困難に直面したとき、「自分なら乗り越えられる」と信じることができなければ、粘り強く努力し続けることはできない。

人 ━━▶ 行動 ━━▶ 成果

効力期待
（自分がうまく実行できるか）

結果期待
（行動で成果が得られるか）

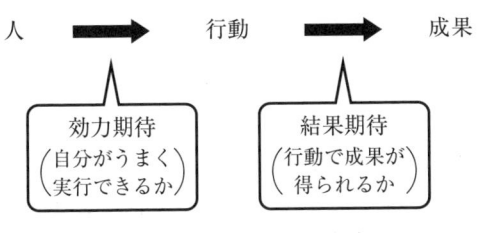

図6-3　結果期待と効力期待

(2) 暗黙の知能観

「できる」という感覚は、自分の能力の高さだけでなく、能力そのもののとらえ方によっても大きく左右される。たとえば、勉強や計算のもととなっている頭のよさについて考えてみよう。頭のよさは、生まれつき決まっているのだろうか（**固定的知能観**）、それとも努力により大きく高めることができるだろうか（**増大的知能観**）。あなたはどちらに賛成するだろうか。知能のとらえ方は、普段あまり意識されないが、心のなかにしっかり根づいている。ドゥエックはこれを**暗黙の知能観**と呼び、それがさまざまな場面での判断や行動に影響を及ぼすことを明らかにしている。

固定的知能観を持つ人々は、頭のよさが生まれつき決まっており、努力により成長することができないと信じているので、努力に意義を見出しにくい。難しい問題に直面すると、「自分には向いていない」と考え、さっさと諦めてしまいがちである。一方で、増大的知能観を持つ人々は、頭のよさを伸ばすことができると信じているので、努力に意義を見出しやすい。また、難しい問題に直面したとしても、「成長のチャンスだ」ととらえ、乗り越えるために粘り強く努力しやすい。

なお、信念はあくまで心のなかの問題なので、変えることができる。実際に、増大的知能観を持つように意識づけされた人々は、そうでない人々よりも、学業成績や知能が高まりやすいことがわかっている。成長できると「信じる」ことは、困難に立ち向かう心の支えを与え、努力を維持させ、成長への扉を開いてくれるのだ。

(3) 2つのポジティブ思考

　ここまで説明してきたように、「目標を達成できる」という期待は成し遂げようとする意欲を引き出すうえで重要である。ダイエットを例に考えてみると、自分が努力すれば目標体重までやせることができると信じている人は、努力しても無駄だと信じている人よりも、減量に成功しやすい（Oettingen, 2012）。目標を成し遂げられるという意味でのポジティブ思考は、意欲を引き出し、実際に成功する可能性を高めてくれる。

　ただし、ポジティブ思考はどのようなものであっても、目標達成にプラスに働くわけではない。「目標達成は簡単だと思う」という意味でのポジティブ思考は、むしろ目標達成に失敗する可能性を高めてしまう。ダイエットを例に考えてみると、お菓子を我慢することは簡単だと思っている人は、難しいと思っている人よりも、減量に失敗しやすい（Oettingen, 2012）。我慢することが簡単だと思う人は、お菓子の誘惑が多い状況を避けようとしないため、誘惑に接触して心が揺さぶられる機会が多くなってしまい、誘惑に負けやすくなると考えられる。目標達成が困難だと思うほど、しっかり対策を立て、一生懸命に努力しようとするのである。反対に、達成が容易だと思うほど、油断が生じやすくなる。

　「目的地にたどり着くことができる」と思うからこそ、目標達成に向けた第一歩を踏み出し、努力しようという気持ちが湧いてくる。一方で、その途中で直面する障害を甘く見ると、障害に備えようとせず、努力を怠るので、失敗に陥りやすくなる。希望を掲げながら、困難に向き合っていくという心構えが大切であるといえよう。

4．目標設定

　目標が定まった後は、それをいかに実行していくかという点が重要となる。この点に関し、計画を立てることは大いに役立つ。計画は、何をどのように進めていくかという手順を決めることだが、心を効果的に動かしていくため

の装置として働くのだ。つまり、計画を「具体的」に立てておくことで、実行へのモチベーションが高まる。ここでは、「達成水準を明確にすること」と「実行する状況を決めておくこと」の効果について焦点を当てる。

(1) **達成水準を明確にする**

「ベストを尽くせ！」という言葉がある。他者を奮い立たせるためによく用いられる言葉だが、この言葉のおかげで、自分や他者が持てる力のすべてをふりしぼって努力したことはあっただろうか。思いのほか少ないのではないだろうか。それでは、なぜ全力を出さないのだろうか。その理由は達成水準のあいまいさにある。どれほどの成果をあげたら「ベスト」といえるか、などということは、誰にだってはっきりわからないのだ。このため、ベストを尽くせという目標は、目標をまったく立てていない場合と同程度のパフォーマンスしか引き出さないとされる。

ロックとレイサムの**目標設定理論**によれば、モチベーションやパフォーマンスを引き出すうえでは、達成基準を明確にすることが重要となる。たとえば、健康のためにウォーキングしようとする場合、「1日10000歩」という基準を作るとよい。基準が明確になることで、自分が努力できているかどうかが明確になる。8000歩まで来たとき、基準があいまいな人では「これくらいで十分だ」と思うかもしれないが、10000歩という明確な基準を持つ人では「あと2000歩がんばろう」と考えるだろう。乗り越えるべきハードルがあるからこそ、それを飛び越えるための努力が引き出されるのである。このことは、他者に仕事を依頼するうえでも役立つ。「ベストを尽くしてほしい」と伝えたとしても、相手はあなたが期待するほど努力しないかもしれない。相手のモチベーションを高めたいなら、達成してほしい水準を数値などではっきりと伝えた方がよい。

それでは、基準はどれほど高く設定すべきだろうか。たとえば、大学受験で志望校を決める際、簡単に合格できそうな大学を目標とした場合と、簡単とはいえないが合格の可能性はある大学を目標とした場合では、どちらの方が一生懸命にがんばるだろうか。実は、自分自身が乗り越えられると信じら

6章 モチベーション

れる範囲ならば、達成水準は高い方がよいことがわかっている。難易度の高い目標は、集中力を高めると共に、粘り強さを引き出してくれる。また、高い目標は充実感や満足感を与えてくれる。これまでの人生で大きな達成感を味わった出来事について思い出してみよう。それは、やすやすと達成できることではなかったはずである。具体的で高い目標を定めることは、パフォーマンスの点だけでなく、やりがいの点でも優れているのだ。

(2) 実行状況を決めておく

　期末試験まで、あと3日。勉強しないと単位を取ることは難しい。そんな状況を想像してほしい。このような状況で、勉強しなければならないという気持ちとは裏腹に、テレビドラマを見たり、友人と遊びに出かけたりして、つい勉強が後回しになってしまったという経験はないだろうか。目標達成を妨げる大きな理由の1つに、タイミングを逃してしまう、ということがあげられる。毎日の生活のなかでは、勉強以外にもやりたいと思うことがたくさんあるので、その時々の状況に流され、勉強のことを忘れてしまったり、勉強に取りかかる機会を失ってしまったりすることは珍しくない。

　このような問題を防ぐうえで、シンプルだが強力な方法がある。目標追求を実行する状況をあらかじめ決めておくのだ。もっというと、「いつ」「どこで」何を実行するかを決めておくのである。たとえば、「20時になったら、自室の机で、問題集を解く」という具合である。○○という状況になったら、△△というアクションを起こすという if-then 形式の計画を**実行意図**という。ゴルウィツァーによれば、実行意図を作っておくことで、「状況」と「実行」が直接結びつき、状況手がかりによって実行が促されるようになる。先ほどの例でいうと、時計やテレビの時刻表示を見る度に、「20時から勉強しなければ」と自動的に心が刺激されることになる。実行意図を作成することで、状況をモニターし、実行するタイミングを逃さない心のしくみを作り上げることができる。目標に向けて心を自然に動かしていくうえで、実行意図は効果的なツールになると考えられる。

5. 自己制御

　目標を定め、計画を立てたら、それを着実に進めていくことが必要となる。そのためには、我慢や粘り強さがカギとなる。自分自身の行動、感情、思考をコントロールし、方向づけることを**自己制御**という。自己制御は、目標追求の障害となる誘惑を退けて、望ましい成果を成し遂げるうえで重要である。たとえば、大学の成績は、知能指数や性格特性よりも、自己制御能力によって大きく左右されることがわかっている。自分を律することができる学生は、そうでない学生よりも、授業の出席率が高く、早めに宿題を始め、よく勉強するだけでなく、テレビを見る時間も少なかった (Wolfe & Johnson, 1995)。

　実際、勉強にせよ、仕事にせよ、ダイエットにせよ、目標追求がうまくいかなくなるのは、目標の大切さを認識していないというよりも、我慢の限界に達してしまったからという場合も少なくないだろう。人は普段あまり意識しないが、自制心の発揮しやすさは個人の置かれた状況によって、刻々と変化していく。ここでは、自己制御を成功に導くために、どのような「心のマネジメント」が効果的であるかについて説明する。

(1) 自我枯渇

　普段は自分の行動をうまく律することができるのに、どうしてもその気になれないときがある。たとえば、ダイエットしている人がどうしても甘いものを我慢できなくなってしまったり、普段は部屋をきれいにしている人が掃除する気になれなかったり、などのケースである。そのいくつかは、仕事や我慢などが続いて、疲れ切っていることが原因であると考えられる。自己制御のために意志力を発揮するほど、その後に自己制御を行うことは困難になる。つまり、自己制御のために使えるエネルギー（**制御資源**）には限りがあり、何であれ自制心を発揮すればするほど、エネルギーは減っていき、ついには自己制御が効かない状態（**自我枯渇**）になってしまう。制御資源は、目標に向け努力したり、誘惑を我慢したりすることだけでなく、よい印象を持たれようと努めたり、何かを選んだりすることでも減少する。たとえば、

ショッピングに出かけ、友人に気を遣ったり、洋服を選んだりすることは、まったく無関係なはずのレポート課題に取り組む意欲を損なう可能性がある。

バウマイスターらの一連の研究によって、自己制御の能力はまるで「筋肉」のような特徴を持つことが明らかにされつつある。まず、筋肉は激しい運動後には疲労し、運動を続けるのが難しくなる。また、再び筋肉を動かすには、休憩を挟む必要がある。そして、普段から筋肉をよく使う人ほど、筋肉が強化され、激しい運動をより長い時間こなせるようになる。自己制御能力も同様に、行使するほどに疲労し、回復に休憩を必要とするが、普段から自己制御を心がけるほど長期的には能力が向上する。

(2) 制御資源のマネジメント

自己制御を成功に導くうえでは、2つの視点が有効だと考えられる。1つは、制御資源の消費状態を自覚するという視点である。どんなことであれ、意志の力を発揮すると、制御資源は減少していき、自制心が効かなくなってくる。朝は誘惑をたやすく我慢できるのに、夜になると誘惑を我慢することが難しくなるのは、夜までにたくさんの課題をこなすことで、制御資源が減少してしまったためである。もし自分にとって大切で負担の大きい仕事があるなら、他のことで自制心を発揮しなくても済むように、工夫してみるとよいだろう。たとえば、その日に行う目標を絞るといった工夫が有効である。また、疲れ切っているときは、制御資源に余計な負担をかけなくて済むように、誘惑に近寄らないことも大切である。

もう1つの有効な視点は、制御資源を回復させるというものである。筋肉の疲労が休息によって回復するように、自己制御能力も時と共に回復する。疲れているときほど、誘惑を我慢するのは辛いものだが、その苦しさは永遠には続かない。時間経過と共に、制御資源が回復してくると、誘惑を抑制することは容易になってくる。したがって、疲れを自覚した場合には、時間を空けることで制御資源を回復させる、という発想も大切である。ただし、試験が続くなどの、何らかの事情があって、回復のための時間を確保することが難しい状況もあるだろう。その場合には少量の糖分を摂るだけで、制御資

源の回復が期待できることがある。自制心を発揮することで体内の血糖値が低下するだけでなく、疲労時に糖分を摂ることで自己制御能力が高まることが明らかにされている。

　これまでの人生経験から、モチベーションは自然に湧き上がってくるものであり、自分の意志でコントロールしにくいものである、と考える人もいるかもしれない。しかしながら、実際にはモチベーションが高まるかどうかは本人の「工夫」がカギとなる。本人の考え方次第で、モチベーションを高めることも、着実に実行を重ねていくことも可能である。賢く努力するという発想を持ち、工夫することが大切である。

引用文献

Lepper, M. R., Greene, D., & Nisbett, R. E. (1973). Undermining children's intrinsic interest with extrinsic reward: A test of the 'overjustification' hypothesis. *Journal of Personality and Social Psychology*, 28, 129-137.

Oettingen, G. (2012). Future thought and behavior change. In W. Stroebe & M. Hewstone (Eds.), *European Review of Social Psychology*, 23, 1-63.

Wolfe, R. N., & Johnson, S. D. (1995). Personality as a predictor of college performance. *Educational and Psychological Measurement*, 55, 177-185.

（竹橋洋毅）

7章　心の発達

「1つの声を持ちながら、朝には4本足、昼には2本足、夜には3本足で歩くものは何か？」ギリシャ神話のなかでスフィンクスがオイディプス王に投げかけた問いである。答えは「人間」。乳児期のはいはい、幼児期からの二足歩行、そして老年期にはつえの助けを借りながら歩く姿を表している。この問いのなかで、人間は「全ての生き物のなかで最も姿を変える」存在とされているが、変わるのは歩き方や姿だけではないだろう。私たちの心も、生涯にわたる社会との関わりのなかで大きく変化し続けている。

本章では、発達という概念について整理したうえで、代表的な発達心理学理論を概観し、発達支援についても考えてみよう。

1. 発達のとらえ方

(1) 生涯発達というとらえ方

「発達した前線が近づいています。明日は雨でしょう」との天気予報の一言に傘の準備をした経験のある人も多いだろう。このように、「発達」という言葉は、「だんだん大きくなる／よくなる」などのプラス方向への時間的変化を示すものとして一般に用いられている。

これに対し、心理学における**発達**は、加齢に伴う変化を指している。例として、言語の発達について考えてみよう。泣くことしかできなかった赤ちゃんは、1歳を過ぎる頃には「マンマ」「ぶーぶ」と他者と意味を共有できる音声、すなわち言葉を発するようになる。そして、3歳頃には平均して900

語も使用することができるようになる。同時に、赤ちゃん言葉は徐々に使用されなくなる。この例のように、発達は「泣くだけだったのに言葉でコミュニケーションを取れるようになった」などの質的側面と、「当初はマンマ1語だけしか使えなかったのに、語彙数が増えて900語も使えるようになった」などの量的側面の双方から検討される。では、子どもたちは、一体いつ頃どのようにして言葉を覚えるのだろうか。なぜ、おしゃべりが上手な子とそうでない子がいるのだろうか。赤ちゃん言葉はいつ頃どのようなプロセスをたどりながら使われなくなっていくのだろうか。言葉の発達1つ取ってみても疑問は尽きない。

　従来、発達の始まりは誕生とされ、成人がゴールと考えられてきた。「身体が大きくなる」あるいは「何かができるようになる」というプラス方向の変化のみがテーマとして取り上げられていた。しかし、私たち人間は、成人を迎えた後も不断の変化を経験しながら過ごしている。そのなかで、「若い頃にはできたことができなくなる」「話しかけられたときの反応が遅くなる」というマイナスの変化を自覚することも増えてくる。とはいえ、年齢を重ねることは衰退ばかりではない。年齢を重ねたからこそわかることも多々あるし、言動に重厚さや円熟味が増すと感じられることも多いだろう。「亀の甲より年の功」「おばあちゃんの知恵袋」など、年齢を重ねることを肯定的に意味づけることわざや言い回しも存在する。昨今の長寿化に伴い、成人期以降も長い時間をよりよく生きるための知恵が必要になった。こうした社会的ニーズを背景として、1970年代には獲得と喪失両面の変化に目を向け、人間の発達を一生涯にわたる長いスパンでとらえる**生涯発達**という考え方が登場した。さらに、近年は、喪失にもプラスの意味を見出そうという動きが活性化している。

　「サクセスフル・エイジング」「プロダクティブ・エイジング」という文言に示されるように、中年期・老年期は喪失だけではなく、生活上の知恵やさまざまな新しいものを産み出しながら主体的に生きる時代にもなっている。発達心理学は、より優れた大人になるための心理学から、人それぞれの価値

観・生き方ということを含め、一生涯をよりよく生きるための心理学へと変容したのである。

(2) 発達段階

生涯にわたる発達のプロセスは、本来的には連続的な変化ではあるが、一定の基準により時期を区分してその特徴が記述されることが多い。たとえば、「思春期の子は親に反抗的で扱いにくい」「老人は頑固だ」など、発達上のある時間幅には共通の特徴があり、その特徴は他の時期とは区別される独自性を持つと考えられている。こうした区分のことを**発達段階**という。

発達を段階に区分することの利点として、複雑かつ多様な発達的変化が整理され、発達の一般的道筋が理解しやすくなることがあげられる。「何歳だから、こういう状態だろう」という大まかな仮説的理解は、発達の予測を立てやすくし、発達の偏りへの気づきにもつながるし、支援の方針を立てる際にも有効な情報となりうる。

もちろん、デメリットもある。発達段階理論は、発達の特定の側面に焦点を当てていることが多い。現実には、発達はさまざまな側面がダイナミックに関連し合いながら展開する。発達段階理論は、そうした諸側面の関連性を見えにくくしてしまう。また、理論的枠組みに縛られてしまうと、今、目の前にいるその人を見ることがおろそかになり、その人固有の発達の道筋を見通す目が曇るという弊害も予想される。全ての人が理論通りに発達するわけではない。発達段階はあくまでも一般的な目安である。その目安は、目の前の人間を理解するために上手に使ってこそ有用であることを、改めて肝に銘じたい。

(3) エリクソンの生涯発達理論

理論化に当たり、発達のどの側面に焦点を当てるかは研究者によってさまざまである。ここでは、自我発達という観点から生涯にわたる発達を体系化したエリクソンの**ライフサイクル理論**を紹介しよう。

エリクソンは、フロイトの精神分析の流れをくむ研究者である。フロイトは、臨床的・治療的な視点から性的成熟を重視して青年期までの自我発達理

表7-1 エリクソンの生涯発達段階と危機

発達段階	心理社会的危機
乳児期	基本的信頼 vs 不信
幼児期前期	自律 vs 恥と疑惑
遊戯期	自発性 vs 罪悪感
学童期	勤勉性 vs 劣等感
青年期	自我同一性 vs 役割混乱
初期成人期	親密性 vs 孤独
成人期	生殖性 vs 停滞
老年期	自我の統合 vs 絶望

(Erikson, 1950；1959 より作成)

論を提唱した。そのフロイトの理論を発展させ、対人関係や社会との関わりを重視し、健康な人の一生涯にわたる自我発達を体系的に理論化したのがエリクソンである。

エリクソンは、人の一生を乳児期から老年期までの8つの発達段階に分け、各段階固有の克服すべき**心理社会的危機**があると考えた（Erikson, 1950；1959）。各段階には**発達課題**を設定し、その課題を達成することで獲得されるプラス面と、課題達成に失敗して表れるマイナス面との葛藤解決が、次の発達段階へと順調に進むカギであると論じた（表7-1参照）。

エリクソンの発達課題のなかで、最も重視されたのが青年期の**自我同一性**、すなわち**アイデンティティ**の確立である。アイデンティティの確立とは、「私は教師である」「私は母親である」のように「自分は何者か」という問いへの答えを社会的関係のなかで確立することである。つまり、自分だけで「私はピアノが上手なのでピアニストである」といっても他者から認められなければ答えとはなりえず、社会的に認められる形で自分のありようを確立することが求められる。青年期のアイデンティティ確立は、後の人生において重要な役割を果たすと考えられていた。この課題達成に失敗して役割混乱という負の側面が勝ってしまうと、自分のパートナーを得る、あるいは次世代を

育成するといった次の発達段階の行動が生起しにくくなってしまう。長い成人期を適応的に過ごすうえで、青年期のアイデンティティ確立が重視されたのである。

2. 発達の規定因

(1) 遺伝か環境か

人間の発達のありようがどのように決定づけられるのかについては、**遺伝**と**環境**という2つのキーワードが存在する。そして、遺伝と環境のどちらが発達を規定するのかについて、長い間論争が繰り広げられてきた。

発達における遺伝的要因の影響力を重視する考え方は、**成熟説**、または**生得説**とも呼ばれる。「カエルの子はカエル」「瓜のつるになすびはならぬ」のことわざにあるように、遺伝子のなかに全ての発達メカニズムがあらかじめ組み込まれており、発達とは生得的に備わっている遺伝的素因が一定の時間を経ることによって顕在化すること、という考え方である。

この考え方の代表的研究者として知られるのがゲゼルである。ゲゼルとトンプソンは、遺伝的素因が同じ一卵性双生児TとCに開始時期をずらして階段のぼりの訓練を行った (Gesell & Thompson, 1929)。その結果、生後46週目から訓練を開始したTが25回の訓練の末到達したレベルに、生後53週から訓練を開始したCはわずか9回の訓練で到達した。より年長になってから訓練を始めた子どもの方が、短期間の指導で同レベルに到達したのである。ここから、ゲゼルらは、教育的働きかけという環境刺激より、当該行動ができるようになる身体的能力の成熟の方が発達に与える影響は大きいという結論を導いた。

一方、環境的要因の影響力を重視する考え方は、**環境説**、または**学習説**と呼ばれる。遺伝的素因の影響はなく、生後の経験によってさまざまな行動パターンや考え方を獲得していくことこそが発達であるとする考え方である。17世紀イギリスの哲学者ロックが、「**タブラ・ラサ**（＝白紙）」というラテン

語を用いて、人間は生まれたときはまっ白いキャンバスのような存在であり、生きていくうちにさまざまな色で多様な絵がキャンバス上に描かれていくことと表現したことは、この環境説の考え方と一致している。

　心理学領域では、ワトソンの**行動主義宣言**が有名である。「私に健康な1ダースの赤ん坊と、彼らを育てるための環境を与えたまえ。そうすれば私はランダムにそのうちの1人を選び、その子を訓練して、私が選んだあらゆる専門家——医者、法律家、芸術家、そうだ、乞食、泥棒さえも——に、その子の祖先の才能、嗜好、傾向、能力、職業にかかわらず、育て上げてみせよう」(Watson, 1930)との言は、発達が環境によって決定されることを主張したものといえる。

　しかし、実際の発達の様相を思い描けば、どちらも極端過ぎる考え方であることは明白だろう。私たちは、遺伝と環境の双方が発達に影響することを経験的に知っている。どんなに素晴らしい音楽的才能を持つ子どもでも、教育的働きかけを含めて適切な環境が整わなければその才能を開花させることは難しいし、同時に、どんなに環境が整っていても、才能がなければどうにもならないこともある。遺伝と環境両方の影響を考慮したのが、輻輳説と環境閾値説である。

　輻輳説とは、シュテルンが提唱した遺伝的素質と環境の影響が加算的に影響するという考え方である。輻輳説では、遺伝と環境は相互に関連のない独立したものとして扱われる。互いに関連し合うことなく、それぞれが一定の割合で影響して発達のありようを決定するとされている。

　ジェンセンが唱えた**環境閾値説**では、遺伝的素因を発現させる条件として環境の影響を位置づけている。たとえば、身長などの身体的特性は、環境があまり整わなくても遺伝的素因は発現するが、絶対音感の発現にはそれに適した環境がかなり整っていることが必要となる。遺伝的素因の発現は、環境条件が一定の水準を超えるかどうかによって決まるという考え方である。

　遺伝と環境は相互に関連し合いながら発達を規定すると考えるのが妥当だろう。先の音楽の例を考えても、才能が教育的働きかけを引き出し、教育的

働きかけによって新たな才能が開花するという道筋で発達が進むことは想像にかたくない。その関連性はどの特性の発達を検討するかによって異なってくる。また、乳児期は遺伝の影響が大きいが、成人期は環境の影響の方が大きい等、いつの発達段階について考えるかによっても異なることが予想される。人の発達のありようを規定する遺伝と環境の関係は、一律に論じることのできない問題といえるだろう。

(2) 初期経験と臨界期

発達において、初期経験の重要性が指摘されることは多い。アヒルやガンなどの鳥が孵化後に見た動くものを親だと思い込む現象のことは広く知られている。この現象は**インプリンティング**と呼ばれ、孵化後一定時間内にしか起こらない。このように、特定の事柄の学習・獲得が起こるか起こらないかが決定される限定された期間を**臨界期**という。

では、人間の発達に臨界期はあるのだろうか。「3歳からでは遅過ぎる」という早期教育教材の宣伝に見られる謳い文句は、この臨界期の存在を示唆しているが、これに根拠はあるのだろうか。

人間の発達における臨界期存在の証拠として、これまで1920年にインドで発見された2人のオオカミ少女の事例があげられることが多かった。少女たちはオオカミに育てられたと考えられ、生物学的には人間であるものの、発達初期において人間社会との関わりを持たなかったゆえに、「人間らしさ」を持たない存在に育ってしまったというのである。このオオカミ少女の説に関しては、近年その信憑性に疑いが出ているが（鈴木, 2008）、人間発達のさまざまな側面における臨界期の存在が検討され、言語習得や異文化適応の分野では、何らかの臨界期の存在が示唆されている（箕浦, 1984；白井, 2008）。

3. 発達の代表的理論

(1) ピアジェの認知発達理論

ピアジェの理論は、世界を認識する能力の発達理論である。ピアジェは、

人は世界を認識する際に**シェマ**と呼ばれる自分のなかにある枠組みを使うと考えた。新たな情報との出会いは、私たちのなかに小さな葛藤、すなわち不均衡を生み出す。この不均衡の解消に当たり、すでに持っている認識の枠組みを適用することを**同化**、自分の持つ既存の枠組み自体を変容することを**調節**と呼んだ。この同化と調節を経て不均衡を解消することを**均衡化**といい、ピアジェにとって知能の発達とは、均衡化の繰り返しによって新たな知識構造を構築するプロセスと考えられていた。

ピアジェは、発達とは誰もが同じ段階を順序通り進んでいく普遍的なものであるという発達観を持っていた。こうした基本的な発達観に基づき、ピアジェが提唱した4段階の認知発達理論とは次のようなものである。

第1の段階は、**感覚運動期**である。この段階は、発達のごく初期、0歳に始まり18カ月から24カ月までに当たる。新しいガラガラをもらった赤ちゃんが、じいっとガラガラを見つめ、振ってみて音を聴き、そしてぺろりとなめる……。このような場面を見たことのある人は多いだろう。乳児は、自分の身体的な感覚や運動を通して世界と関わり、世界を理解するのである。そして、徐々に、ガラガラを乱暴に投げると母親が怒るという因果関係に気づき、母親の「めっ」を再現するために意図的にガラガラを投げるようにもなるし、怒られないように投げるのをやめるようにもなる。この段階の終わり頃には、目の前にないものをイメージする力である表象機能が発達し、予測や見通しに基づく行為をするようになる。

第2の段階は、就学までの**前操作期**である。この時期になると表象機能がさらに発達し、ごっこ遊びやものまねも上手にできるようになる。言語の獲得により、言葉を通しての外界理解も可能になる。しかし、自分の物の見方にこだわる**自己中心性**が大きな特徴であり、他者の視点に立って物事を考えることは難しい。また、物の量や数は、足したり減らしたりという操作がなければ基本的には変わらないという**保存の法則**の理解にも至らない。図7-1のように、底面積の異なる器に幼児の目の前で水を入れ替えると、水の高さが高くなるという見た目に引っ張られて、水が増えたと考えてしまうのであ

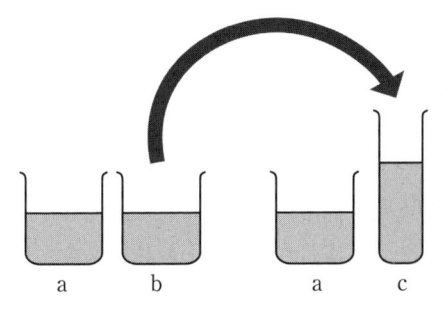

同じ大きさの2つの容器（a.b）に同量の液体を入れ、同じ量であることを確認させた後、bの液体をcの容器に移し入れ、aとcのどちらの液体が多いか尋ねると、cの方が量が多いと答える。

図7-1　ピアジェの液量の保存

る。底面積と高さという2つの観点を統合して現象を理解することは、この時期の子どもには難しい課題なのである。

　こうした幼児期の限界は、第3の**具体的操作期**にはクリアされる。他者の視点から物事を考え、大きい順に並べるなどの論理的な操作もできるようになる。しかし、そうした論理的操作は、あくまでも現物を操作する場合のみ可能であるという限界がある。小学校1年生のとき、算数セットに入っていた正方形の小さなタイルを動かして足し算を学習するのは、抽象的な演算の原理を理解するために、具体物を実際に操作するという助けが必要となっているからである。

　第4の**形式的操作**の段階に至るのは、個人差はあるものの、おおむね11歳頃からとされる。この時期になると、子どもたちは「将来」「正義」「人生」などの現実から離れた抽象的概念についても理解し、具体物なしに頭のなかで論理操作を行うことができるようになる。仮説に基づく思考もできるようになり、可能性の文脈において物事を考えることが可能となる。

　ピアジェの認知発達理論は、教育のあり方にも大きな影響力を持ち、子ども1人ひとりの認知レベルに合った教材や課題を提供することの重要性の根

拠となっている。

(2) ヴィゴッキーの理論

ピアジェが子ども本人の思考様式の獲得を重視したのに対し、ヴィゴッキーは、発達を文化的学習であると考え、他者との関わりや所属する社会環境といった社会的文脈が重要な役割を持つと考えた。発達とは、社会の相互作用を媒介として、それまでに蓄積された知の総体である文化を自らに取り込んでいくプロセスであるという発達観である。

ヴィゴッキーの発達理論は、教育や援助にも大きな示唆をもたらした。子どもにはひとりではできなくても、大人や友人の助けがあればできることがたくさんある。算数のテストが同じ0点であったA児とB児の2人の子どものことを考えてみよう。テストを復習したところ、A児は教師からヒントをもらうと文章題を全問解くことができたが、B児はどんなにヒントをもらってもまったく歯が立たず、解説も理解できなかった。このとき、2人の子どもの知的発達レベルをテストの0点という結果に基づいて同じと考えてよいだろうか。ヴィゴッキーは、独力で達成できるレベルと他者からの助けがあればできるレベルを分けてとらえるべきだと主張し、両者の差を**発達の最近接領域**と呼んだ。そして、この発達の最近接領域のレベルに教育的働きかけをすることが最も効果的であるとした。先の例でいえば、この算数テストの問題は、A児にとっては独力ではできなかったが援助があればできる発達の最近接領域にある課題であり、A児への教育的働きかけはきわめて有効であったことになる。

社会的関係や文脈を重視したヴィゴッキーの理論は**社会文化的アプローチ**と呼ばれ、1970年代になってから再評価され、以来今日に至るまで文化心理学の発展に大きな影響を及ぼしている。

4. 発達支援

(1) 発達障害

　自閉症スペクトラム（ASD）や学習障害（LD）、注意欠如・多動性障害（ADHD）など**発達障害**のある子どもたちは今や特別な存在ではない。発達の偏りのある子どもたちへの支援は、早急に取り組むべき社会的課題となっている。原因については、脳の機能障害が関連していると考えられているが、いまだに解明されていないことも多い。ここで、発達の偏りについて大まかに理解しておこう。

　自閉症スペクトラム（ASD） とは、対人相互作用の障害と行動や興味のこだわりの2つを特徴とする障害であり、通常3歳くらいまでに発現する。知的な遅れのあるタイプと知的な遅れのないタイプがあるが、近年特に支援の対象として注目されているのが、知的な遅れや言語発達の遅れのない高機能タイプである。「人の気持ちがわからない」「場にふさわしいふるまいができない」ことから対人関係を中心にさまざまなつまずきを経験し、本人が生活上の大きな困難を抱えていることが多い。

　学習障害（LD） とは、全般的な知的発達の遅れも医学的疾患もないにもかかわらず、話す・読む・書く・計算する・推論する等の特定の能力の習得と使用に大きな困難を持つ状態として定義され、勉強嫌いなどの学業不振とは区別される。LDのある子どもは、話し言葉に不自由しないことも多いため、幼児期には気づかれないことも少なくない。就学後に、計算だけがどうしてもできない、文字を正確に書くことができない、国語の教科書を読み上げることはできてもその意味がまったく理解できないなどの子どもの様子から、教師や親が「何かおかしい」という形で気づくことが多いといわれる。

　発達途上にある子どもに落ち着きがないということそのものは、決して珍しいことではない。しかし、小学生が授業中に離席して教室を歩き回り、あげくに飛び出してしまう、一定時間注意を持続しながら先生の話に耳を傾けることができない、授業中に大きな声で先生や友人に質問を繰り返すなど、

年齢と照らし合わせて考えて、過度の不注意と衝動性、多動が見られる場合は、**注意欠如・多動性障害（ADHD）** が疑われる。

近年、子どものみならず、成人の発達障害の問題もクローズアップされている。発達障害は、一見しただけではわかりにくい「見えない障害」であり、正しく理解されないことも多い。学業や仕事上、「がんばりが足りない」「わざときちんとやらない」と叱責されることや、「変わっている」と片づけられてしまうことも多々ある。結果として、適切な配慮が受けられないままにさまざまな失敗経験が積み重なり、自信喪失や意欲減退、ひいては不登校・非行・出社拒否・精神疾患等の二次障害へとつながってしまうこともあり、社会全体の正しい理解の普及が必要とされている。特に、成人期になると教育機関から離れてしまい、支援の手が届きにくいことから問題が深刻化しやすいことが懸念されている。

(2) 発達臨床

生きていくなかで誰しも1度はつまずきを経験する。そのつまずきが大きく、ひとりで乗り越えるのが難しいときは、対人的支援または社会的支援を受けることが必要となる。そうした種々の支援を提供するに当たり、発達心理学の知見を応用する**発達臨床**という分野が確立した。生涯にわたるその人なりの発達の道筋がより適応的なものになるよう「発達を支援する」という考え方に基づき、支援を提供するのである。

発達のありようは1人ひとり異なっており、誰にでも有効な一般的な支援法を確立することは難しい。だからこそ、個々の発達の状態とつまずきについて正確なアセスメントを行い、目の前の人間を理解することから始め、その人らしい発達の道筋をたどれるよう、必要な支援や合理的配慮を考えていくことが大切である。

引用文献

Erikson, E. H. (1950). *Childhood and society*. 1st ed. New York: Norton.
　（エリクソン, E. H.　仁科弥生（訳）(1977).　幼児期と社会1　みすず書房）
Erikson, E. H. (1959). *Identity and the life cycle*. New York: Norton.

(エリクソン, E. H. 小此木啓吾・小川捷之・岩男寿美子（訳）(1973). 自我同一性――アイデンティティとライフサイクル―― 誠信書房)

Gesell, A. L., & Thompson, H. (1929). Learning and growth in identical infant twins: An experimental study by the method of co-twin control. *Genetic Psychology Monographs*, 6, 5-124.

箕浦康子 (1984). 子供の異文化体験――人格形成過程の心理人類学的研究―― 思索社

白井恭弘 (2008). 外国語学習の科学――第二言語習得論とは何か―― 岩波書店

鈴木光太郎 (2008). オオカミ少女はいなかった――心理学の神話をめぐる冒険―― 新曜社

Watson, J. B. (1930). *Behaviorism*. New York: Norton.
　(安田一郎（訳）(1968). 行動主義の心理学 河出書房)

〔谷口明子〕

8章　パーソナリティ

　日常生活のなかで私たちはさまざまな形容詞（「やさしい」「冷たい」など）を用いて他人を描写する。これらの言葉はその人を表す「パーソナリティ」として使用されることが多い。また、雑誌やインターネットのパーソナリティ診断のように自分や他人をある特定のカテゴリー（リーダータイプなど）に分類したことはないだろうか。そして真偽にかかわらずその結果に一喜一憂したことはないだろうか。
　このように、パーソナリティにまつわる話は私たちにとって非常になじみ深いものであり、学術的なテーマとして扱いづらいと感じるかもしれない。私たちは、自分自身のパーソナリティについては誰よりも熟知しており、相手のパーソナリティについてもある程度把握していると思いながら、日々の生活を過ごしている。その一方で、相手の思ってもみなかった一面に触れ、驚いた経験もあるだろう。どうやら、私たちが知っていると感じているパーソナリティにはまだまだ明らかにすべき点が残されているようである。

1. パーソナリティとは何か

　パーソナリティについて解説を始める前に、用語について確認しておこう。パーソナリティとは「性格」や「人格」を表す用語である。私たちにとっては、性格という言葉の方がしっくりくるかもしれない。心理学の世界では「人格」と訳されることも多かったが、日本語において「人格」というと、人格者のように特定のイメージが想起されやすいために、近年ではパーソナリティ

という用語がそのまま使用されるようになっている。本章では、パーソナリティと性格という用語が出てくるが、両者はほぼ同じ意味を持つものとして使用している。

　それでは、パーソナリティとは何かについて、日常生活の例をもとに考えてみよう。朝の通学時に、信号機の故障で乗っていた電車が止まってしまった場面を想像してほしい。車内では、駅員に向かって文句をいう人もいれば何事もないように過ごす人や別の行き方について調べる人など、同じ状況に置かれてもさまざまな反応を見ることがあるだろう。私たちは、それらの反応から怒りっぽい、温厚、几帳面など、他者のパーソナリティを推測することがある。

　また、神経質な友人と一緒に通学しているときに、乗っていた電車が急に止まってしまったとしよう。あなたはこう思うかもしれない。「私は特に気にならないけれど、友人は神経質なところがあるから、きっとイライラしているに違いない」。こうした例は、パーソナリティに関する基本的かつ重要なことを伝えている。それは、パーソナリティには個人差があり、直接目で見ることはできないが、パーソナリティをもとに人の感情や行動を予測できる、ということである。

　心理学において、パーソナリティは、「個人とその物理的・社会的環境とのかかわりにおける個人差を規定する、ある特徴的な思考、感情、行動の様式」(Smith et al., 2003) と定義される。「やさしさ」や「真面目さ」などのように、パーソナリティを表す言葉にはさまざまなものがあるが、それ自体は実体があるものではない。しかし、やさしい（と考えられる）行動を多く取っている人のことを「やさしい人」と判断するように、私たちは行動によって他者のパーソナリティを推察する。このように、それ自体（たとえば、やさしさなど）は直接観察することはできないが、ある現象の原因を説明するために作られる抽象的な概念のことを**構成概念**と呼ぶ。構成概念は、心理学に限らず、多くの科学において使用されている。

　心理学の世界では、この構成概念であるパーソナリティを研究することに

よって人間そのものに対する正しい理解へとつなげるさまざまな試みが長年行われてきている。

2. パーソナリティをとらえる諸理論

本節では、これまでにパーソナリティがどのようにとらえられてきたのかについて3つの考え方を紹介する。

(1) 類型論

まずは、人を一定の基準によってタイプに分けて記述することにより理解する立場である**類型論**を取り上げる。古くは、体型とパーソナリティを対応させたクレッチマーやシェルドンの類型論などが有名であったが、科学的な妥当性が低く、現代においてはこれらの理論が支持されているとは言い難い。

私たちにとって最もなじみの深い類型論の例といえば、血液型による性格診断があげられる。「A型の人は几帳面である」のようにいくつかのタイプに当てはめて人を理解する方法は日常的に用いられることが多い。インターネットで「血液型　性格」と検索をかけてみると、1000万件以上の検索結果が出てくることからも血液型と性格との関連性への関心が高いことがわかる。

日本における血液型性格診断のルーツは1927年に「血液型による気質の研究」を発表した古川竹二であると考えられ（佐藤・渡邊, 1995）、今なお多くの人を魅了してやまないが、心理学の世界において、血液型による性格診断の正しさが証明されたことはない。たとえば、縄田（2014）は、血液型と性格の関連性について、2004年、2005年に日本とアメリカで実施された約1万人にわたる大規模社会調査データを用いて検証を行っている。そこでは、O型の人は他の血液型の人と比べて健康上の不安を感じている（不安傾向が高い）といったように、ある血液型にのみ特徴的に見られる性格が存在するのかどうかについて検証が行われた。調査対象者は記載されている文章を読み、それが自分に当てはまるかどうかについて、5件法（1. まったく当てはまらない

～5.ぴったり当てはまる）で回答を行った。その後、合計68項目に関して、調査対象者（A型、B型、O型、AB型）の得点に違いが見られるかどうかについて統計的手法を用いて検証を行った。その結果、ほとんどの項目において違いが見られず、血液型と性格に関連はないことが実証されている。

　では、なぜ、私たちは血液型による性格診断を信じてしまうのだろうか。さまざまな理由が考えられるが、ここでは人々の持つ2つの心理的傾向について述べる。1つめは、**ヒューリスティック**という人々が持つ認知傾向である。私たちは日々、非常に多くの物事に対して判断を行っているが、その1つひとつについて全ての情報を用いて判断することはなく、ヒューリスティックと呼ばれる簡略化された判断を行うことが多い。たとえば、やせている人を見て、神経質そうな人だと考えたり、自分の親に似ている人を見て、親と同じようなパーソナリティを持っているのではないかと考えたりすることである。多くの物事を判断する際に全ての情報を吟味することはとても労力がかかるため、通常は特徴的な側面に注目し、なるべく負担の少ないやり方を人は選択するのである。

　血液型による性格診断は、ヒューリスティックな判断の典型的な一例である。人をA型、B型、O型、AB型という数少ないカテゴリーに区分し、それに基づいて相手のパーソナリティを判断することができるならば、さまざまな情報を用いて、1人ひとりのパーソナリティを判断するよりも認知的な負荷が低く、わかりやすいだろう。

　2つめは、**バーナム効果**と呼ばれる心理的傾向である。バーナム効果とは、「あなたは愛想がよく社交的ですが、時に用心深く、内気なところがあります」などのように、多くの人々に当てはまるような一般的なパーソナリティ記述を、自分に当てはまる正確なものとして受容する傾向のことを指す。

　バーナム効果に関しては、フォアが興味深い実験を行っている。フォアは、心理学を受講している学生にパーソナリティ検査を実施し、1週間後に結果のフィードバックを行った。フィードバック用紙には、各個人の名前と共に、誰にでも当てはまるようなパーソナリティに関する13の文章が記載されて

いた。その後、フィードバックを受けた学生たちにどのくらい検査結果が当たっていると思うかについて尋ねたところ、13の文章のなかで平均して10の文章に対して「当たっている」と評価していた (Forer, 1949)。しかし、彼らは夢にも思っていないだろう、彼らに与えられた13の文章は全て同じであったのだ。

　このように私たちは安易に判断を行いやすく、あいまいな表現のものを受け入れやすい傾向がある。その点において、血液型によってその人のパーソナリティが理解できるということは大変魅力的であり、そのことが、科学的根拠がなくとも信じられている要因なのだろう。しかし、上述したように類型論では「A型の人は几帳面である」というようにパーソナリティを1つのタイプに分類してしまう。このことは、極端にいえば、他の血液型の人は几帳面さを持ち合わせていないと考えることにつながってしまう。血液型とパーソナリティの無関連性を実証した研究やその背後にある人々が持つ心理的傾向などを踏まえると、類型論の妥当性には疑問符が付く。

(2) 特 性 論

　類型論に対し、別の立場からパーソナリティをとらえるのが**特性論**である。特性論では、個々のパーソナリティはある類型の人のみが持つものではなく、多くの人が持つもの（特性）として考え、そこに程度（弱さや強さ）を想定する。この特性の組み合わせや強弱によって人を理解するのが特性論の特徴である。1930年代に、人を表す特性はどのくらいあるのかという観点から、辞書を用いて抽出する試みが行われたが、なんと、そこでは、約4500もの語彙が見出されている (Allport & Odbert, 1936)。類型論のように限りあるタイプのなかで人を理解するよりも、バリエーションが豊富ではあるが、これではあまりにも多過ぎるだろう。

　その後、いかに少ない数の特性で多くの人を理解することができるのかという観点で研究が進められ、因子分析という統計的手法が確立されたことで特性論に関する研究は飛躍的な進歩を遂げることとなる。そして、そうした研究の結果、3個や16個などの特性が主張されてきたが、現在は、**5因子モ**

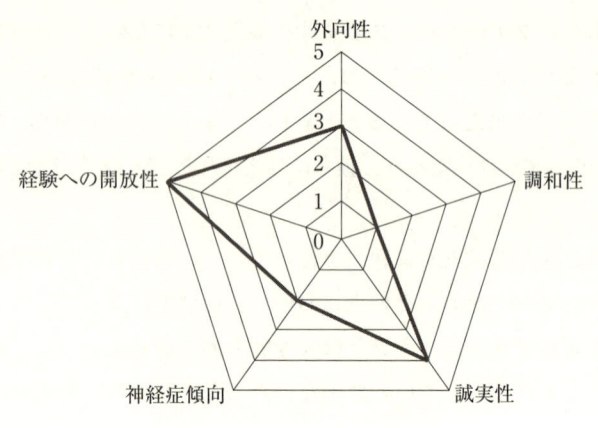

図8-1　5因子モデルの結果例

表8-1　5因子モデルの特徴

	高	低
外向性	社交的であり、物事に熱中しやすい	よそよそしく、物静か
調和性	共感性が高く、人を信頼しやすい	非協力的で敵対的
誠実性	有能で自己管理が得意	衝動的であり、注意散漫
神経症傾向	ストレスに弱く、心配性	情緒的に安定
経験への開放性	独創的で、想像力に富む	現実的であり、慣習的

デル（Big Five）が人を理解する際に使用されることが多い。

　5因子モデルは、特性論の立場から、個人の嗜好、感情、行為の典型的なパターンに基づいて人への理解を試みる考え方であり（Carver, 2010）、**外向性**（extroversion）、**調和性**（agreeableness）、**誠実性**（conscientiousness）、**神経症傾向**（neuroticism）、**経験への開放性**（openness to experience）の5つから構成されている（図8-1、表8-1）。近年は、5因子モデルと脳の特定の部位との関連を検討するなど、さまざまな観点から検証が行われている。

（3）　相互作用論

　最後に、類型論や特性論とは異なる立場で、現在、パーソナリティの主要な考え方となっている**相互作用論**について紹介する。相互作用論では、人の行動の原因を本人のパーソナリティとその状況の組み合わせの結果としてと

らえる。たとえば、冒頭であげた、信号機の故障により電車が止まったときに、駅員に向かって文句をいうという行動は、本人の怒りっぽいというパーソナリティだけではなく、朝の通学時という状況との組み合わせの結果生じたものとして理解できる。これが休日の昼間であれば、文句をいうという行動は生起しなかったかもしれない。

　相互作用論における主張は、一見私たちの普段の認識と反するように見える。私たちは、やさしい人はどんなときでもやさしく、いいかげんな人はどんなときでもいいかげんであると考えがちである。このようにどんな状況においても行動が一貫していることを**状況を超えた一貫性**と呼ぶ。しかし、これまでの研究によって状況を超えた一貫性はほとんど見られないことが明らかとなっており、このような普段の認識とのズレは、**パーソナリティのパラドックス**と呼ばれ、何年にもわたり大きな議論の的となっていた。

　この議論に1つの決着を付けたのは、パーソナリティを「もし～なら、～に（if-then）」というパターンでとらえるという相互作用論の考え方である。これは、ある状況Aのときは、特定の行動Bが生起され、ある状況Cのときは、特定の行動Dが生起されるというように、個人の行動をパターンにおいて把握するものである。たとえば、Aさんは学校では大人しいけれども、家やバイト先では明るくてよくしゃべるという場合、常にそういうパターンであるのであれば、Aさんの行動パターンは一貫しているといえるだろう。そして、Aさんを観察する側からしても、学校の友人たちは、いつも学校でのAさんの行動を見ており、家やバイト先の人は、その場所でのAさんの行動を見ているため一貫性は崩れていない。このパターンにおける一貫性は多くの研究においても支持されており、相互作用論の考え方が現在の主流であるといえよう。

　私たちは人の行動の原因をその人の持つパーソナリティに求めがちであるが、そこに状況という要因を組み込んだことが類型論や特性論と明確に異なる点である。

8章　パーソナリティ　　107

表 8-2　パーソナリティを測定する手法の特徴

	長　所	短　所
投映法	意識できないパーソナリティの深層まで分析できる。 何を測定しているか判断しづらく、回答を意図的に操作することが困難である。	実施者に一定以上の経験と知識が必要である。 結果の解釈が実施者の主観に依存しており、信頼性や妥当性に疑問がある。
質問紙法	一度に多くのデータを収集することができる。 全ての回答者に同じ質問を同じ条件で実施することができる。	回答者が意図的に回答を歪める可能性がある。 年少者に実施することが困難である。
IAT	何を測定しているか判断しづらく、回答を意図的に操作することが困難である。 多様な年代を対象に実施することができる。	測定の多くが実験室実験であり、データの収集に時間がかかる。 新しい測定手法であり、信頼性と妥当性の検証の積み重ねが必要である。

3. パーソナリティの測定法

　本節では、「パーソナリティをどのように測定するのか」について考えていく。上述したように、パーソナリティは構成概念であるために、重さや形があるわけではなく、直接目で見ることはできない。パーソナリティを理解することが人間の理解につながるのであれば、いかに正確にパーソナリティを測定できるのかということが何よりも重要となる。

　パーソナリティの測定に関しては、これまでにさまざまな方法が見出されてきたが、ここでは、投映法、質問紙法、IATという3つの測定法についてその長所や短所を述べる（表8-2）。まず、**投映法**とは、あいまいな刺激に対する反応からパーソナリティを判断する方法であり、**ロールシャッハ検査**や**主題統覚検査（TAT）**などが有名である。なかでも、ロールシャッハ検査は、1921年スイスの精神科医であるロールシャッハによって考案されたものであり、インクのシミのような図版を見せて、それが何を表しているのかを回答させ、その反応をもとに本人のパーソナリティを測定する検査手法で

ある。ロールシャッハ検査は大変有名なパーソナリティ検査の1つであるが、解釈が難しいことや結果の妥当性について疑問があるといわれている。

次に、**質問紙法**について紹介する。質問紙法とは、一連の質問項目について回答することによりパーソナリティを測定するものであり、これまでに矢田部・ギルフォード性格検査など多くの有名な検査が作成されている。質問紙法は、一度に大量のデータを集めることが可能で、調査者が異なっていても全ての回答者に同一の質問を同一の条件で実施することができるため、利用されることが多い。しかし、①対象者は自分自身を十分に知らない可能性がある、②対象者の回答は時により変化する、③対象者の質問事項の解釈は人により異なる、④対象者は意図的にうそをついたり、回答を歪曲したりすることがある、という批判があり、利用する際にはこれらの問題をできるだけ避けるためのさまざまな工夫が必要となる。

近年、質問紙法において指摘されていた点をクリアするものとして、**IAT**（Implicit Association Test：潜在連合テスト）という手法が開発され、注目を集めている（9章参照）。例えば、相川・藤井（2011）は、対人場面での不安傾向を表すシャイネスというパーソナリティに関して、シャイネスIATを測定し、質問紙法により測定するシャイネスは社会的望ましさの影響を受ける（つまり、意図的に回答が歪曲される可能性がある）が、IATで測定するシャイネスでは社会的望ましさの影響が見られなかったことを明らかにしている。

このように、パーソナリティを測定するさまざまな方法が開発されているが、その際に重要となるのは、測定の**信頼性**と**妥当性**である。信頼性とは、「何度測っても同じ値になる度合」のことであり、妥当性とは、「測りたいものを測れている度合」のことである。味の濃さを測定することを例に考えてみよう。ある料理の味の濃さを測定するために塩分計を使い塩分濃度（％）を測ったときに、1度めは2％、2度めは9％、3度めは6％と表示されたとしたら、その塩分計に表示されている数値を信用することはできないだろう。この場合、その塩分計は信頼性が低いと判断される。また、味の濃さは塩分だけではなく糖分などによっても変化する。もし、味の濃さを測定する際に、

塩分計のみを用いたとしたら、味の濃さを測定するという目的からすると、妥当性は低いと判断される。

　パーソナリティは目に見えない構成概念であるがゆえに、信頼性や妥当性にはより慎重になる必要がある。現在、心理学の分野で扱われているパーソナリティ測定におけるさまざまな手法は、信頼性と妥当性を高めるために多大な労力をかけできあがったものであり、かつ継続的に改善されている。その点で、血液型による性格診断をはじめ、雑誌やテレビのバラエティ番組などで使われる心理テストとは大きく異なるといえる。信頼性や妥当性の高い測定手法を用いることで、正確な診断ができ、人間の理解につながるのである。

4. パーソナリティにおける遺伝の役割

　「親譲りの無鉄砲で子供の時から損ばかりしている」、これは夏目漱石の「坊ちゃん」に出てくる冒頭の書き出しであり、子どものパーソナリティに親の影響が見られるという考えを読み取ることができる。このような考えは小説の世界だけではなく、日常会話のなかでもよく見られる。「母親に似てしっかりしている」「父親に似て頑固だ」など、親と子どものつながりを私たちは感覚的に認識している。しかし、この親子の間に見られるパーソナリティの類似性は、遺伝と環境のどちらの影響なのだろうか。

　このような遺伝と環境の影響力を検証するのが、**行動遺伝学**と呼ばれる学問領域である。行動遺伝学は、社会行動やパーソナリティにおける遺伝子の役割について双生児や養子などを対象に検証を行っており、これまでにさまざまな知見を見出してきているが、ここでは**双生児研究**において見出されたパーソナリティに関する知見を紹介する。双生児には、遺伝的にまったく同じである**一卵性双生児**と、遺伝的には50％の類似性しか持たない**二卵性双生児**の2種類が存在する。この2種類の双生児に関してそれぞれのパーソナリティがどの程度類似しているのかを検証することで、パーソナリティにお

ける遺伝の影響を調べることができる。

　敷島ら（Shikishima et al., 2006）は、一卵性双生児と二卵性双生児の類似性を検証するなかで、5因子モデル（外向性、調和性、誠実性、神経症傾向、経験への開放性）についても検証しており、その結果、一卵性双生児においては40％〜50％程度類似している一方、二卵性双生児は10％〜20％程度の類似であったことを明らかにしている。これは、パーソナリティにおいて遺伝の影響が見られることを示しているといえる。

　また、安藤（2000）は、これまでのパーソナリティに関する行動遺伝学的知見をまとめており、パーソナリティに関して、遺伝の影響はある程度見られるが、家庭環境の影響はあまり見られないことを明らかにしている。子どものパーソナリティには親のしつけが重要であると考えがちな私たちにとって、この結果は驚くべきことかもしれない。しかし、いわゆる「氏か育ちか」という論争はまだ決着が付いておらず、今後さらなる研究の蓄積が求められている。

　本章では、一見、誰しもがある程度知っていると感じており、学術的なテーマとしては扱いづらいと考えられてきたパーソナリティについて、その概念、測定手法、遺伝との関わりという観点から見てきた。測定手法の進歩や神経科学の台頭などによって多くのことが明らかにされつつあるが、まだまだ解明すべき多くの課題が残されていることが理解できたのではないだろうか。また、パーソナリティを見ていくことで、人そのものが持っている心理傾向や認知傾向についての理解が深まることも感じ取れたのではないだろうか。パーソナリティに対する理解を深めることは、人に対する理解を深めることにつながる。それがパーソナリティを正しく学ぶことの楽しさだといえるだろう。

引用文献

相川　充・藤井　勉（2011）．潜在連合テスト（IAT）を用いた潜在的シャイネス測定の試み　心理学研究, 82, 41-48.

Allport, G. W., & Odbert, H. S. (1936). Trait names: A psycholexical study. *Psycho-*

logical Monographs, 47, 211.

安藤寿康（2000）．心はどのように遺伝するか──双生児が語る新しい遺伝観──　講談社

Carver, S. C. (2010). Personality. In R. F. Baumeister, & E. J. Finkel (Eds.), *Advanced social psychology: The state of the science*. Oxford University Press. pp.757-794.

Forer, B. R. (1949). The fallacy of personal validation: A classroom demonstration of gullibility. *Journal of Abnormal Psychology*, 44, 118-121.

縄田健悟（2014）．血液型と性格の無関連性──日本と米国の大規模社会調査を用いた実証的論拠──　心理学研究, 85, 148-156.

佐藤達哉・渡邊芳之（1995）．古川竹二の血液型気質相関説の成立を巡って──大正末期～昭和初期におけるある気質論の成立背景──　心理学研究, 3, 51-65.

Shikishima, C., Ando, J., Ono, Y., Toda, T., & Yoshimura, K. (2006). Registry of adolescent and young adult twins in the Tokyo area. *Twin Research and Human Genetics*, 9, 811-816.

Smith, E. E., Fredrickson, B., Loftus, G., & Nolen-Hoeksema, S. (2003). Atkinson & Hilgard's introduction to psychology. 14th ed. Thomson: Wadsworth.
　（内田一成（監訳）（2005）．ヒルガードの心理学　第14版　ブレーン出版）．

　　　　　　　　　　　　　　　　　　　　　　　　　　　　　（本田周二）

9章　社会的認知

　大学で自分が履修する授業を決める際に、学生は授業の内容だけでなく、先生の印象も重視して決めることがある。たとえば、ヒゲを生やした先生に対しては「威厳があるから授業も厳しそうだ」と感じたり、若い女性の先生に対しては「やさしそうだから評価も甘そうだ」と感じたりすることがあるかもしれない。しかし実際に授業を受けてみると、先生に対する印象や、先生が担当する授業のイメージは、自分が想像していたものと大きく違っていることも珍しくない。

　このように、私たちが他者に対して抱く印象は必ずしも正確なものではなく、むしろ自分自身の「色眼鏡」によって歪んでいることが多い。本章では、このような色眼鏡に着目し、人がどのように他者や自分自身を見つめ、独自の世界を作り上げているか、考えてみることにしよう。

1. 他者に対する認知

　あなたがエレベーターに乗っているときに、知らない人が入ってきたとしよう。あなたは、その人の年齢、国籍、職種などを一瞬で判断することができるはずである。その際、あなたはその人がどのような人物であるかを、ほとんど意識せずに判断している。

　一方で、自分のアルバイト先にX国からの留学生がアルバイトとして入ってきたとしよう。上述したエレベーターの例とは異なり、あなたはこれからバイト仲間として新人アルバイトとうまくやっていかなければならない。そ

の際、エレベーターの例のような一瞬の判断だけではなく、さらにより意識的にその人がどのような人物なのかを知ろうとするかもしれない。

このように、他者がどのような人物であるかを理解するために、私たちは日々さまざまな他者の印象を形成している。特に、自分に関わる他者について深く理解しようとすることは、円滑な社会生活を送るうえで非常に重要である。

人がどのように印象形成を行っているかについては、ブルーワーが**印象形成の二過程モデル**（Brewer, 1988）を提唱している。このモデルによると、他者の印象は、知覚者自身が意識せずに自動的に処理する過程（自動的過程）と、知覚者自身が意識的にある種の判断を行う過程（統制的過程）の2つの過程を経ることで形成される（図9-1）。

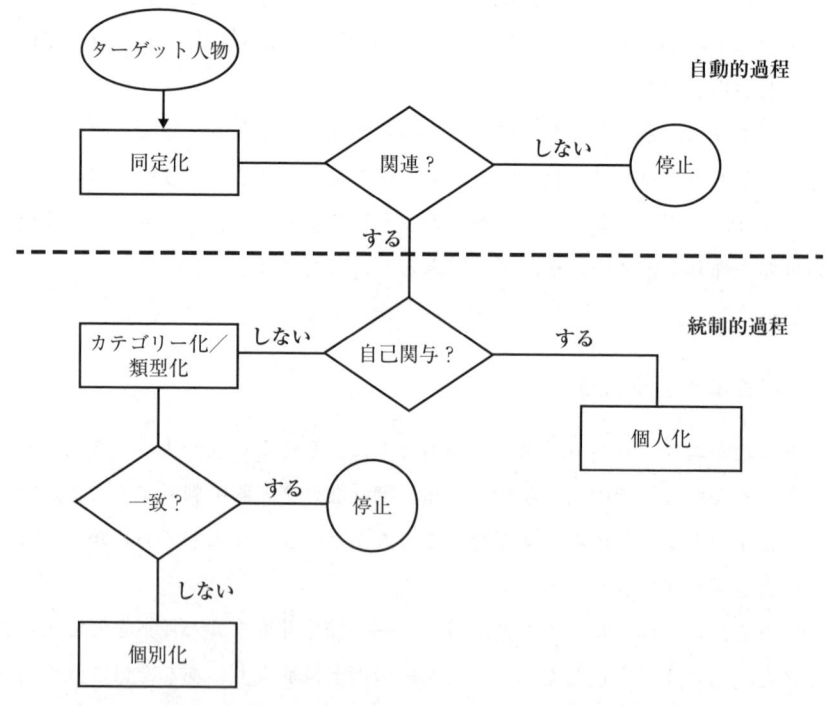

図9-1 印象形成の二過程モデル（Brewer, 1988 より作成）

上述した「エレベーターに入ってきた知らない人」に対する印象形成は自動的過程である。この過程では、私たちはほとんど意識することなく自動的に、他者（ターゲット人物）に対する印象を形成している。そして、ターゲット人物に対して、これ以上印象形成をする必要がないという判断が行われた場合には、印象形成の処理はそこで停止する。

　それに対し、「新人アルバイト」に対する印象形成は統制的過程である。この過程では、私たちは意識的に他者に対する印象を形成しており、知覚者自身がターゲット人物に関与するかどうかによって処理が分かれる。

　たとえば、新人アルバイトとほとんど接したことがない場合、残念なことに、新人アルバイトのことを深く知ろうとせずに、自分が持っている信念（例：「X国の人は無愛想だ」）に当てはめて印象形成を行う人もいるかもしれない。このように、知覚者自身がターゲット人物に特に関与しない場合は、性別や人種といった特定のカテゴリー集団の特徴に基づいた印象が形成される。

　一方で、あなたがその新人アルバイトと深く接する場合、自分が持っている信念やステレオタイプに当てはめることなく、個人に固有の特徴に注目して印象形成をするだろう。このように、知覚者自身がターゲット人物に深く関与する場合は、ターゲット人物に固有の特徴に注目した印象形成（個人化）が行われる。

　以上のように、印象形成の二過程モデルでは、ターゲット人物に対して、労力を払わずに大雑把な印象形成を行う過程と、労力をかけてよりていねいな印象形成を行う過程の２つが想定されている。私たちはこの２つの過程を、自分の置かれている状況や目的に応じて使い分けている。

　なお、他者について知覚された情報の性質が、私たちの印象形成の仕方に影響を及ぼすことがある。たとえば、新人アルバイトの印象が形成されるとき、「接客がていねいである」というポジティブな情報だけではなく、時には「出勤時間に遅刻することが多い」といったネガティブな情報が思い出されることもあるだろう。このようなとき、私たちはネガティブな情報により注目しやすくなり、新人アルバイトに対する印象がよくないものとなってし

まうことも多い。このようにポジティブな情報とネガティブな情報があるとき、それぞれの極端さが同程度であると、私たちはポジティブな情報よりもネガティブな情報をより重視する傾向がある。このような傾向は、印象形成における**ネガティビティ・バイアス**として知られている。

2. 集団に対する認知

　上述した印象形成の二過程モデルでも紹介したように、私たちは他者に対して、特定のカテゴリー集団の特徴に当てはめた認知を行うことがある。特定の集団とは、たとえば「大学生」「日本人」といったさまざまな社会的カテゴリーを指す。私たちは、このような特定の集団に所属している人たちに対して、何らかの共通した性格特性や行動特性、身体的特徴があるという信念を抱くことがある。このように、特定の対象に対して持っている固定観念のことを**ステレオタイプ**と呼ぶ。ステレオタイプの例としては、「関西人は面白い」「女性は感情的だ」「日本人は勤勉だ」といったものがあげられる。このようなステレオタイプを持つことは、印象形成の処理を円滑にする。しかし一方で、ステレオタイプに当てはめた印象形成を行うことで、実際の人物とは異なる印象が形成され、場合によっては偏見につながる可能性もある。

　それではステレオタイプはなぜ形成されるのだろうか。1つめの理由としてあげられるのは、**カテゴリー化**による影響である。私たちはペンや定規を「文房具」というカテゴリーに分類しているように、さまざまな集団や人に対しても同様に特定のカテゴリーに分類している。たとえば、「日本人」「女性」「男性」も1つのカテゴリーである。タジフェルとウィルクスによると、私たちはこれらのカテゴリーに対して、同じカテゴリーに属するものどうしを実際以上に類似しているように感じ、異なるカテゴリーどうしの差異を過大視する傾向があるという (Tajfel & Wilks, 1963)。

　それでは、人は、自分自身が所属しているカテゴリーに対してはどのように認知しているのだろうか。一般的に私たちには、自分自身が所属する集団

（内集団）を好む傾向があるといわれている。さらに、比較される集団（外集団）よりも内集団を有利にしようと働きかける傾向があることもわかっている。これを**内集団ひいき**と呼ぶ。

　たとえば、限られた資源を内集団と外集団それぞれに分配しなくてはならないとき、人は内集団と外集団の差異を強め、内集団に対して大きな利益があるように分配する傾向がある。このような内集団ひいきは、内集団のメンバー間で相互に助け合う状況のように、内集団の重要性が高まるときに特に強まるといわれている。

　私たちは内集団に所属する人たちをそれぞればらつきがあると認知する一方で、外集団に所属する人たちを類似していると認知する傾向がある。これを**外集団等質性**と呼ぶ。外集団等質性は、これまで接触したことがないような、なじみのない集団に対して顕著に生じる。たとえば、日本人があまり旅行に行かないようななじみのない国の外国人、すなわち外集団のメンバーに対しては、「あの国の人は皆不親切だ」と外集団に所属する人たちを類似したものどうしとして認知することも少なくないだろう。

　ステレオタイプ形成に関わる2つめの要因は、**共変性の錯覚**である。共変性の錯覚は、**錯誤相関**ともいわれ、実際には存在しない関係を実在するかのように感じる錯覚のことである。たとえば「女性は感情的だ」というステレオタイプについて考えてみると、このステレオタイプは全ての事例が考慮されているとは言い難い。このことを、4つの条件（セルAからセルD）から考えてみよう（表9-1）。

　この4つの条件を見ると、一般的には「女性―感情的である（セルA）」「男

表9-1　錯誤相関に関する4つの条件

		事象Y	
		感情的	感情的ではない
事象X	女性	A	B
	男性	C	D

9章　社会的認知

性―感情的ではない（セル D）」に特に目が行きやすいかもしれない。そして、日常場面では多くの場合、「女性―感情的ではない（セル B）」「男性―感情的である（セル C）」があまり考慮されない傾向がある。

このように、私たちはまんべんなく全ての事例を網羅して情報処理を行っているわけではない。むしろ目立つ事例や特異的な少数事例に対して注目し、実際には存在しない関係を見出したり、実際よりも過大視したりする傾向がある。

以上のように、カテゴリー化による影響や錯誤相関は、私たちのステレオタイプ形成に関わっており、形成されたステレオタイプは印象形成などの私たちの認知や判断にも影響を及ぼす。

3. 自己に対する認知

「私は何者なのか」と自分自身に問いかけたとき、あなたは自分自身のことをどのようにとらえるだろうか。「私は女性である」「私は大学生である」といった答えがいくつも思い浮かぶはずである。人は他者に対して印象形成を行うのと同じように、自分自身に対する認知も行っている。なお、自分自身に対する認知には、知識や信念、評価、感情などさまざまな要素が含まれているが、なかでも「自分自身が何者であるのか」といった自己観から構成された自分自身についての抽象的・象徴的な知識のことは、**自己概念**または**自己知識**と呼ばれる。

また、人は自分自身についての信念や知識を持っているだけでなく、自分自身について何らかの評価を行っている。そうした評価の例としては、「私は一般的な大学生よりも優秀である」「私はスポーツができる方だ」といったものがあげられる。このように自分自身の価値に関する全体的な評価のことを**自尊心**と呼ぶ。高い自尊心を持つことは、自分自身の性質について明確な認識を持つことを助け、適切な目標を設定するだけでなく、さまざまな分野での成功（ポジティブな結果）を導き、幸福感を促進する。また、高い自尊

心を持つ人は、低い自尊心を持つ人と比べ、障害（例：ライバルに負ける）に直面しても優れた結果を出しやすいこともわかっている。

しかし、全般的な自尊心の高低にかかわらず、どのような人も一時的な自尊心の低下に脅かされることもある。たとえば、自分にとって重要な分野でライバルに負けてしまったときのことを考えてほしい。人は自尊心がダメージを受けたとき、どうにかして自尊心を維持したいと考える。このような動機や欲求のことを**自己高揚**と呼ぶ。

テイラーとブラウンによれば、人は自己高揚の1つの手段として、自分の能力や才能を実際以上にポジティブに見積もる傾向がある（Taylor & Brown, 1988）。こうした自分自身を実際以上にポジティブにとらえる傾向を**ポジティブ幻想**と呼ぶ。ポジティブ幻想に代表される自己高揚は、人の精神的健康にとって適応的な動機であると考えられている。たとえば、ストレス状況において、自己高揚する人はストレスによる負荷を低減でき、さらに、自尊心への脅威がないときには積極的にネガティブ情報を受け入れることがわかっている。ただし、自己高揚も度を越してしまうとネガティブな結果をもたらす。たとえば、誇大妄想などの極端な自己高揚は、不適応につながることがわかっている。

4. 社会的認知の「自己中心性」

複雑な社会的世界に生きる人間は、他者や自分自身に対してさまざまな推測を行い理解しようとしている。しかし、他者を見るにしろ自分自身を見るにしろ、私たちは客観的な観察者にはなりえない。なぜならば、他者や自分自身を見るときも、「自分自身の視点」から逃れることはできないからである。そのため、私たちは意図せずに自己中心的な認知を行っており、それは時にさまざまな情報処理の歪み（バイアス）を伴う。ここでは、これらのバイアスのなかでも、他者や自己に対する帰属のバイアスに注目してみよう。

帰属とは、他者や自分自身の行動の原因や、出来事の因果関係を推論する

ことである。たとえば、ドラマを観ていると、父親が娘の結婚相手に対して難癖を付けるシーンを目にすることがある。娘が連れてきた結婚相手の口数が少なかったことに対して、父親が「なんて暗いやつだ」と難癖を付け始めるようなシーンである。しかし、そこで、口数が少ないことで「暗い人物である」とすぐに判断してしまってよいのだろうか。たとえば、そのときの状況を考えてみると、口数の少なさは必ずしも相手の性格や習慣のせいだけではなかったかもしれない。その結婚相手は「義理のお父さん」になるかもしれない相手にはじめて会うことに緊張し、その日はたまたまうまく話せなかった、ということも考えられるだろう。それにもかかわらず、この例では、結婚相手の置かれている状況についてはあまり考慮せずに、父親が結婚相手のふるまいの原因を、相手の性格によるものだと決めつけてしまっている。このように、状況の影響を考慮せずに行動を他者の性格のせいだと考える傾向のことを、**基本的帰属の誤り**と呼ぶ。

　基本的帰属の誤りは、自分自身が相手の行動を観察する立場において生じるバイアスである。しかし、自分自身が置かれている立場が変わると、人の認知の仕方が変わることもわかっている。たとえば、父親自身がかつて義理の両親に挨拶をしに行ったときのことを思い出したとしよう。父親もそのときは娘の結婚相手と同じように緊張し「口数が少なかった」としたら、父親自身はそれを自分の性格のせいだと考えるのだろうか。立場が変わると、自分自身の口数が少なかったことの原因として「自分が暗い人間である」とは考えず、むしろ「妻の父親の表情が恐かったから」と考えるだろう。このように、自分が行為者の立場なのか、観察者の立場なのかの違いによって、私たちは帰属の仕方を変える傾向がある。このような帰属の違いのことを、**行為者―観察者効果**と呼ぶ。

　自分自身にとって都合のよい解釈をする帰属バイアスも存在する。たとえば、私たちはテレビのクイズ番組でたまたま出題されていた問題に正解したとき、それを自分自身の能力の高さや日頃の努力のおかげだと考えがちである。一方で不正解だったときは、問題が難しかったとか、他のことに気を取

られていて真剣にテレビを観ていなかったからだと考えがちである。このように成功や失敗といった遂行結果に対して、自分自身にとって好ましい解釈をする傾向のことを**セルフ・サービングバイアス**と呼ぶ。つまり、遂行結果の成功は自身の内的要因に帰属され、失敗は外的要因に帰属されやすいのである。

なお、他者から自分がどう見られているかについて推測する際にもバイアスは生じる。自分が他者からどのように見られているかを推測する際、私たちは自分自身の視点からのみ推測する傾向がある。こうした傾向は**自己中心性バイアス**と呼ばれている。この自己中心性バイアスにより、他者からの実際の評価と、自分自身が推測した評価に食い違いが起きることがある。

たとえば、いつもより前髪を切り過ぎてしまい、自分では変だと感じたとしよう。そのようなときに大学やアルバイト先に行くと、いつもより自分の前髪が人に注目されているような気がすることはないだろうか。しかし、実際には自分自身が思っているほど人は注目しておらず、時には前髪を切ったことにすら、誰も気づいていないかもしれない。このように、自分の装いや行動が実際よりも周囲の注目を集めていると推測することは**スポットライト効果**と呼ばれる。なお、こうした推測は、自己中心的な認知の歪みから生じるといわれている。

5. 潜在認知

本章の1節で紹介したように、人の情報処理には自動的過程と統制的過程が想定されているが、近年では、特に前者の自動的過程すなわち「知覚者自身が意識せずに自動的に処理する過程」への関心が高まっている。

たとえば、1節で扱ったステレオタイプについて思い返してみよう。先述したステレオタイプは、どちらかというと知覚者自身がステレオタイプを持っていることに対する自覚があり、意図的に表出されるステレオタイプを扱ってきた。しかし、近年ではあからさまなステレオタイプや偏見を持つことが

以前より非難されやすくなった。その結果、ステレオタイプや偏見を持っていても積極的に報告しないことがある。また、それだけではなく、自分自身がステレオタイプや偏見を持っていることに自覚がない場合があることも指摘されている。

　このような時代の流れに伴い、心理学者たちは正確な態度測定を行うために幅広い測定テクニックを開発させてきた。近年では、本人の気づきや意図のない自動的な評価反応を測定する潜在測定が開発されている。その1つが、**IAT**（Implicit Association Test：潜在連合テスト）である。

　たとえば、「文系」と「理系」と聞いたときに、多くの人は「文系」に対して「社交的」というイメージを感じ、「理系」という概念に対して「内向的」というイメージを持つだろう。IATはこのような概念間の連合の強さを間接的に測定することができる。この場合、「文系」と「社交的」という概念間の連合の強さと、「理系」と「内向的」という概念間の連合の強さを、反応時間などから測定し、実際に「文系は社交的」で、「理系は内向的」という態度を持っているかどうかを調べることができる。

　IATを用いることの利点は、測定されている側の意識的な回答の歪みを排除できることにある。たとえば、上述した「文系は社交的」「理系は内向的」について、もし直接尋ねられた場合、回答者が回答することに引けめを感じることはほとんどないだろう。しかし、測定したい内容が「偏見」や「差別」に関することであった場合はどうだろうか。

　偏見や差別について直接尋ねられた場合、多くの回答者は「偏見を持っているような人間だと思われたくない」という気持ちが生じるだろう。そして、「他者に社会的に望ましい人間だと思われたい」という欲求（社会的望ましさ）が強い人は、自分が偏見を持っていないかのように意図的に回答を歪めることもあるだろう。つまり、真の態度とは異なる態度が測定されてしまうのである。しかし、潜在測定では、偏見や差別について直接尋ねられる場合とは異なり、偏見や差別を測定されていること自体に回答者が気づきにくい。また、回答者が意図的に自分の回答を歪めることも難しいため、回答者の真の

態度を測定することができる。IATは、自分では偏見とは無縁であると思っていた人でも自覚なく持っている偏見を測定することが可能なのである。

このような潜在測定は、ステレオタイプや偏見に関する研究だけではなく、自尊心や健康、消費者行動などさまざまな領域で用いられている。たとえば、自尊心に関する知見では、日本人は北米人に比べて顕在的な自尊心が低いことが報告されているが、IATを用いて潜在的な自尊心を測定すると、日本人も北米人と同様の自尊心の高さを示すことがわかっている（Kobayashi & Greenwald, 2003）。

人は、日常生活を何気なく過ごすなかで、人の意識の届かないところでさまざまな情報処理を行っている。他者や自己に対する推測や判断に関する情報処理は、私たちが次にどのような行動を取るかを決める重要なカギとなる。しかし、これらの情報処理において人が「公平で客観的な観察者」でいることは難しい。社会的認知という視点から見ると、むしろ人は「自己中心的な観察者」であり、独自の目線でさまざまな情報処理を行っているといえる。本章で述べてきた、カテゴリー属性やステレオタイプに基づいた印象形成や帰属バイアスは、まさに「自己中心的な観察者」であることが原因で生じるといえるだろう。

しかし、このような自己中心的な偏りは、正確さや客観性に欠ける一方で、人に余計な認知資源を使わせないというメリットも持っている。たとえば、ひとりの人物を正確に深く理解するためには、多くの情報を吟味する必要があり、多大な認知資源と時間を使うことになる。その際、自分の知識や信念に基づいて印象形成を行ったり、帰属バイアスによって簡単に自己や他者を理解したりすることは、認知資源の節約につながるのである。「自己中心的な観察者」であることは、認知資源に限りのある人間たちが複雑な世界で生き抜くために獲得してきた適応的な方略であるとも考えられる。

引用文献
Brewer, M. B. (1988). A dual process model of impression formation. In T. K. Srull,

& R. S. Wyer, Jr. (Eds.), *Advances in Social Cognition*, vol.1. Hillsdale, NJ: Erlbaum. pp.1-36.

Kobayashi, C., & Greenwald, A. G. (2003). Implicit-explicit differences in self-enhancement for Americans and Japanese. *Journal of Cross-Cultural Psychology*, **34**, 522-541.

Tajfel, H., & Wilks, A. L. (1963). Classification and quantitative judgement. *British Journal of Psychology*, **54**, 101-113.

Taylor, S. E., & Brown, J. (1988). Illusion and well-being: A social psychological perspective on mental health. *Psychological Bulletin*, **103**, 193-210.

（小林麻衣）

10章　社会的影響

　マラソンで速く走るコツとは何か。腕の動かし方や歩幅についてアドバイスする人がいる。身体を効率的に動かすことで、速く走れるようになるという主張である。

　しかし、自分の身体のことだけを考えていればよいかというと、決してそうではない。アメリカの著名なフィットネストレーナーは、他の人と一緒に走るように勧めている。人と一緒にいることで、速く走れるようになるという主張である。

　身体の使い方のアドバイスが物理的であるのに対し、人と一緒に走るというアドバイスは社会的である。他の人と走ることによって、気合が入って速く走ることができたり、また反対に、緊張してうまく走れなかったりした経験をした人も多いだろう。

　このように、自分が他者から影響を受けることを、私たちは経験的に知っている。そして、この影響を物理的な「力」のようにありありと感じることができる。たとえば、上司からの命令に「重み」を感じたり、仲間からの励ましに「背中を押される」感じになったりする。これは、物理的な力を感じるのと同様に、人の心に社会的な力を感じる部分があるからである。以下では、この心の社会的な部分、すなわち「心の社会性」に注目して、他者との間に生じる心理的な影響について考えてみよう。

1. 社会的動物としてのヒト

「3人寄れば文殊の知恵」ということわざがある。普通の人であっても、3人集まって考えれば素晴らしい知恵が出るものだ、という意味である。しかし、私たちは、どんなときでも、多くの人と話し合うのがよいのだろうか。この問題を論じるには、皆で話し合って決めることの心理・行動プロセスについて知る必要がある。

皆で話し合うことの心理・行動プロセスは、**集団意思決定**というテーマで検討されている。集団意思決定における興味深い現象の1つに、**集団極性化**がある。集団極性化とは、個々人のもともとの意見や判断よりも、集団での話し合いを経た後の意見や判断の方が極端になる傾向のことである。

たとえば、ワラックらの研究では、リスクのある行動についてアドバイスする状況を実験参加者に提示した（Wallach et al., 1962）。リスクのある行動とは、今よりも高い給料が見込めるが不安定な職への転職であるとか、完治する可能性はあるが失敗する危険もある手術を受けることなどであった。これらの行動は、成功した場合の利得も大きいが、失敗した場合のリスクも大きい。たとえば、仕事を失って安定した暮らしができないとか、手術の失敗により命が危険にさらされるなどは、人生レベルでの不幸につながる。

実験参加者には、これらの行動を行うかどうか悩んでいる人に、どのくらいの成功確率ならリスクのある行動を取るように勧めるのかを、まずはひとりで評定してもらい、その後、集団で話し合った後に再度評定してもらった。その結果、ひとりで評定したときよりも、集団で話し合った後の方がこれらの行動を取るべきだと考える傾向にあった。つまり、話し合いの結果、成功確率が低くてもリスクのある行動を取るべきだと、多くの人が考えるようになったのである。

では、もう一歩踏み込んで、個人の心はどれほど集団生活になじむようにできているのかを考えてみよう。このことを示す心的現象の1つに、**内集団ひいき**がある。内集団ひいきとは、自分が属していない集団（外集団）より、

自分が属している集団（内集団）のメンバーに対して好意的な認知、感情、行動を示す傾向のことである。たとえば、オリンピックや国際大会などの国どうしで競い合う状況を思い浮かべてほしい。応援に来ている人が、相手国の選手に比べて、自国の選手を好意的に述べているのを聞いたことがあるだろう。この好意の背後には、内集団ひいきのメカニズムが働いている可能性が高い。

　内集団ひいきの面白いところは、次の2点である。1つは、自分の属する集団のメンバーと面識がなくても内集団ひいきが起きるということである。もう1つは、内集団と外集団の区別に特別な意味がなくても起きるということである。

　このことは、タジフェルらの実験で明らかになっている（Tajfel et al., 1971）。この実験では、互いに初対面の男子生徒グループ（実験参加者）を対象に、2種類の抽象画のどちらが好きであるかを答えてもらった。そして、この課題の結果をもとに集団を2つに分けた。その後、別の実験であると実験参加者にいって、内集団メンバーと外集団メンバーに報酬ポイントを分配する作業を行ってもらった。報酬ポイントの分配は、両方の集団のメンバーに等しく分配するものから、どちらかの集団のメンバーが多いもの（すなわち不平等なもの）までの組み合わせのなかから選んでもらった。

　この実験における内集団と外集団の違いは、抽象画の好みの違いに基づいている。この好みの違いは、報酬の分配とは本質的に無関係である。さらに、この集団はあくまで一時的なものであり、友人や家族のようにつきあいがあるわけでもない。したがって、このような状況においては、公平性の観点から、とりあえず両集団に平等な分配をすることが予想される。しかし、実験の結果、生徒たちは内集団メンバーに報酬が多くなる分配を選ぶ傾向にあった。つまり、外集団よりも内集団の人たちへのひいきが起きたのである。

　タジフェルらの実験で作られた集団は、専門用語で**最小条件集団**と呼ばれている。最小といわれるのは、集団を分ける条件が「最小」であることを意味している。先ほどの実験では、「抽象画の好み」以外に集団を分ける根拠

はない。つまり、内集団と外集団の区別にそれ以上の意味はなく、単純に「分けられている」だけである。しかし、自分が属する集団か、そうでない集団であるかという、ただその一点だけで、人の認知、感情、行動は変わりうるのである。

　以上のような、集団極性化や内集団ひいきという現象を手がかりにして、心の社会性について考えてみよう。個人の心は集団のなかで何らかの影響を受けるし、心それ自体が社会的な刺激に対し特殊な反応をする。このことは、社会性を抜きに心を語ることはできないことを意味する。言い換えると、私たちの心は集団生活を営むために準備されているかのようである。

　集団は自分や自分以外の他者、および、それらの相互作用で構成されている。そこで、次からは、他者とのやりとりの最小の単位である、特定の他者の影響を詳細に検討しよう。

2. 社会的促進

　他者の影響を考えるうえで、一番シンプルなのは、「ただ他者がいる」ことの心理的な効果である。たとえば、この章のはじめのマラソンの例をもう一度思い浮かべてみよう。そこで述べられていたのは、一緒に走る他者、すなわち、作業や課題に共に従事している共行為者の存在であった。こうした共行為者の影響は、社会心理学では古くから**社会的促進**という現象で取り上げられてきた。

　社会的促進とは、見物人（受動的な観察者）や共行為者が存在することにより、個人の遂行が促進されることである。言い換えると、私たちは、共行為者や観察者がいるだけで、自分の作業や遂行の成績がよくなるような存在なのである。

　しかし、他者の存在によって遂行が促進されるだけでなく、むしろ邪魔される場合もある。たとえば、幼稚園や小学校のお遊戯会などで、大勢の人を前にして緊張してしまい、いつも通りの演技ができなかった経験はないだろ

うか。これは、社会的促進とは反対の**社会的抑制**と呼ばれる現象である。

こうした現象は、19世紀末にトリプレットがはじめて実証的に検討し（Triplett, 1898）、オルポートにより社会的促進と命名された（Allport, 1924）。その後、さまざまな研究が行われたが、他者が単に存在することの効果が、必ずしも遂行の促進だけでないことが明らかになった。すでに述べたように、他者が存在することによって、むしろ遂行が阻害される社会的抑制が確認されたからである。そこで、社会的促進と社会的抑制をどのように統合して理解するのかが重要なポイントとなった。

社会的促進と社会的抑制について、統一的な説明を試みたのはザイアンスである（Zajonc, 1965）。ザイアンスは、他者の存在は生理的な喚起水準を高め、課題の性質によって促進と抑制が決まると考えた。生理的な喚起水準が高まるとは、具体的には「ドキドキ」したり「ハイ」になったりする、ということである。他者が目の前にいて、生理的な喚起水準が高まった状態では、優勢な反応が出やすい。優勢な反応は課題の性質によって異なり、やさしい課題や慣れた課題であれば、作業量が増えたり、遂行成績がよくなる促進反応が優勢となり、難しい課題や慣れていない課題であれば、作業量が減ったり、遂行成績が悪くなる抑制反応が優勢となる。

3. 要請と応諾

社会的促進や社会的抑制という現象では、他者は単純にいるだけの存在であった。しかし、日常生活において、私たちは他者と具体的なやりとりをする。たとえば、人に道を尋ねられたり、店員に注文したりする際には、言葉や動作を通じたコミュニケーション、つまり意思のやりとりが必要である。このように、私たちが他者からの影響を受けていると明確に感じられるのは、他者から言葉でお願いされているときである。この言葉での「お願い」に応じることを**応諾**という。

応諾を引き出す技法を検討することは、他者からの影響を検討することと

同義である。ここでは、応諾を引き出す技法（**要請**の技法）として、社会的影響に基づく6つの分類を紹介しよう（Cialdini, 2001）。この分類は、技法の分類であると同時に、影響力の源泉の分類である点にも着目してもらいたい。

① 返報性： 他者から受けた好意や行為に対して、自分も同様の好意や行為を返すことを返報性という。たとえば、自分を助けてくれた友人が同じような苦境に陥ったとき、あなたはその友人を助けようとするだろう。返報性は人間社会における重要な機能である。

② コミットメントと一貫性： 一度表明した自分の意見や決定を変えることに抵抗を覚える人も多いだろう。相手に対して自分の意見や決定を表明した場合にはなおさらである。ここから、さまざまな要請の技法が出てくる。たとえば、最初に簡単なお願いを聞いてもらい、その後に似たような、しかし面倒なお願いをする。この場合、2度めの面倒なお願いをいきなり持ち出すよりも、最初に簡単なお願いを聞いてもらった後の方が、面倒なお願いの応諾率が高まることが知られている。つまり、1回めのお願いに対する自分の反応と、2回めのお願いに対する自分の反応に一貫性を持たせようとする心理的な力が働くのである。この技法はフット・イン・ザ・ドア技法と呼ばれる（Freedman & Fraser, 1966）。

③ 社会的証明： 他人の思っていることや、やっていることに対し、私たちは敏感である。社会的証明とは、「皆もこう思っている」「皆もやっている」という考えに基づく影響力であり、自分の判断や行動を決定する大きな力となる。商品を売り込む際に「皆もよいと思っています」という情報を提示する方法は、社会的証明を用いた方法の典型である。

④ 権威： 何か事件や事故が起きると、専門家に意見を求めることがある。私たちは、当該領域の知識がない場合は特に、権威のある人のいうことを信じる傾向にある。つまり、私たちには、「権威がある」というだけで発言内容を信じてしまう傾向があるのだ。これを要請に適用するなら、応諾させようとする人に対して、実際はともかく、権威があるように接すればよいことになる。

⑤ 好意：　自分の好きな人からのお願いであるか、嫌いな人からであるかによって、引き受けようとする気持ちは異なるであろう。ビジネスの世界でも、お世辞は好意を引き出す基本であり、交渉の潤滑油として用いる人も多い。また、好感度の高いテレビタレントが広告に起用されるのはこのためである。要請する側は、好意の力を直感的に知っており、それをさまざまなやり方で引き出そうとする。

⑥ 希少性：　珍しいもの、残り少ないものは、より欲しくなる。つまり、手に入らない（と感じる）ものほど、人は価値があると信じてしまう。こうした希少性の力は、さまざまな場面で使われている。たとえば、「期間限定」や「残り100台」などの広告のあおり文句は、こうした方法の典型である。

4. 同　　調

社会的影響は、より広くいうと、人がお互いに影響を与え合うさまざまな方法である（Gilovich et al., 2011）。ここからは、私たちがもともと持っている信念や人間観に反する行動を取らせる、**同調**や服従といった、非常に強力な影響力について考えていこう。また、私たちの行動、特に良心的な行動を「取らせない」力に関わる傍観者効果について考えてみよう。

まず、同調とは、他者からの圧力によって、自らの行動や信念を変えることであるが、こうした同調についてはアッシュによる実験が有名である（Asch, 1951；1955）。この実験は8人1組で行われた。ここで、あなたが実験を受ける参加者の1人であると想定しよう。あなたが部屋に入ると、自分以外にも7人の実験参加者がいる。そして、実験を行う実験者が図10-1のような線分をボードで示す。一方のボードには基準となる1本だけの線があり、もう一方のボードには3本の線がある。実験参加者に課される課題は、右側のボードにある3つの線分のうち、基準となる左側のボードの線に近い長さの線はどれかを答えるというものである。

一目でわかるように、正解はbである。しかし、あなた以外の人全員がb

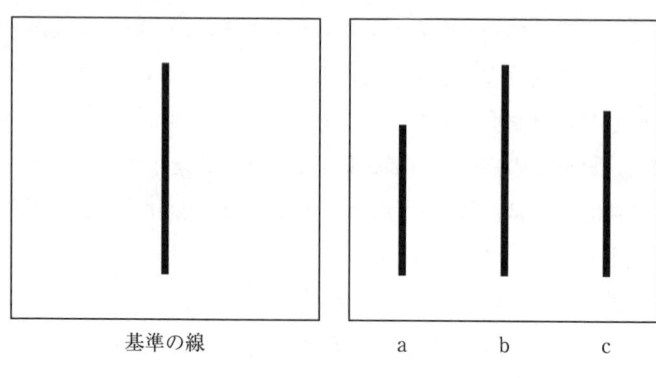

図10-1 アッシュの実験で用いられた線分刺激の例

ではなく、cであると答えた後だったらどうであろうか。そのような状況で、あなたは自分が思った通りの答えが表明できるだろうか。

これがアッシュの実験の概要である。実は、あなた以外の参加者は全て実験者に雇われた協力者、すなわちサクラであり、あらかじめcと答えるようにしくまれていた。実際の実験では、サクラではない本当の実験参加者の答える順番は最後ではなく7番めであるとか、実験の最初のセッションでは皆が正答するといった「状況作り」が行われているが、肝となる部分は上記の通りであった。

アッシュの実験によると、全体で18回のセッションのうち12回で多数派が誤答するようになっていた。この12回を通じてサクラに一度も同調せず、最後まで自分の意見を表明できたのは50人中13人に過ぎなかった。言い換えると、残りの約75％の37人は、少なくとも1回は多数派に同調して誤った回答をしたのである。この結果は、私たちのほとんどは、何らかの場面で同調する可能性があることを示している。

5. 服　　従

上記のアッシュの実験は、線分の長さの判定という些細な課題であった。

そのような重要でない場面ゆえに、多くの人が自分の信念に基づいた答えを表明する必要を感じなかったのかもしれない。それでは、私たちは、重要な場面ならば、他者からの影響を受けずに自らの信念に基づいた判断を下せるのだろうか。

　この問題を考えるうえで、「権威に対する**服従**」は重要な示唆を与えてくれる。すでに述べたように、権威は社会的影響の1つであるが、人はこの影響力にどのくらいまで抵抗できるのだろうか。

　ミルグラムは、権威者からの「道徳的良心に反する命令」が、いわゆる「善良な」人々にどのような影響を及ぼすのかについて有名な実験を行っている。以下ではこのミルグラムの実験を紹介しよう。

　ミルグラムの実験の参加者は、アメリカの名門大学であるイェール大学の近郊に住む20代から50代の男性40人であった（Milgram, 1963）。こうした人々は、イェール大学で「記憶と学習の実験」が行われるとの名目で募集された。

　実験室に到着した参加者は、もうひとりの参加者とペアで実験を行った。学習における罰の効果として、ひとりが生徒役、もうひとりが教師役で実験を行うと教示され、くじ引きでどちらかの役に割り当てられることになった。

　このとき、ひとりの実験参加者はサクラであり、くじ引きで必ず生徒役になることがあらかじめ決められていた。つまり、本当の実験参加者は皆、教師役だったわけである。

　教師役となった参加者は、生徒役の実験参加者（実はサクラ）が誤答をしたら電気ショックを与えること、そして誤答の度にショックの程度を大きくすることを実験者から命令された。電気ショックは15ボルトから450ボルトであり、操作盤には「かすかなショック」から「危険：すごいショック」、そして「XXX」と書かれたラベルがあった。

　サクラが電気の通った椅子のある別室に移り、実験は始まった。サクラが問題を間違える度に、実験参加者は電気ショックのボルトを上げなければならなくなる。サクラは、300ボルト以上で壁を叩いて抗議し、しまいには無反応になった。ただし、実験参加者にはわからないようになっていたが、実

際に電流は一切流れておらず、サクラの苦痛は演技であった。

　実験は、参加者が最大まで電気ショックを与え続けるか、途中の段階で拒否するかで終了となる。ただし、途中で拒否する参加者は、実験者から次のような4つの段階で実験を続けるよう命令された。

　① 「続けてください」
　② 「続けることが必要です」
　③ 「続けることが絶対に必要です」
　④ 「続ける以外に選択肢はありません」

そして、この4つの段階の「命令」を実験参加者が拒否した場合に実験は終了となった。

　これがミルグラムの実験の概要である。実験参加者は途中で実験者の命令を「拒否」したのか、それとも命令に「服従」して最後まで電気ショックを与え続けたのか。実験の結果は、最大レベルまでショックを与え続けた人がなんと40人中26人にも上ったのである。

　私たちは、こうした結果をどのように受け止めればいいのだろうか。ミルグラム（Milgram, 1974）は、この実験を受けていない精神科医や大学生、さまざまな職業の中産階級の人々に対して実験の概要を説明し、自分ならどのくらいの電気ショックを与えるかを調査した。その結果、ほとんどの人は300ボルト以下と予想しており、実際の実験結果とは大きく異なっていた。つまり、私たちは自分で思っている以上に、服従しやすいかもしれないのである。

　ちなみに、ミルグラムの実験は多くの人に衝撃をもって受け入れられると共に、倫理的な論争を巻き起こした。その結果、倫理的問題が少ない研究方法の使用や、**デブリーフィング**（実験の説明）の徹底など、社会心理学の研究法の改善につながった。

6. 傍　　観

　最後に、私たちの行動を抑制する影響力についての研究を紹介しよう。この研究の発端は、次に述べる実際にあった凄惨な事件であった。

　事件は、1964年、ニューヨークの街中で起きた。バーで働いていたキャスリーン・ジェノヴィーズさんが、帰宅途中にナイフを持った男に刺され殺されたのである。自宅のあるアパートは閑静な住宅街にあり、彼女は自分のアパートに向かっているところを襲われた。男が彼女をナイフで執拗に刺す間、彼女は叫んで助けを求めていた。

　この事件の衝撃的な点は、その犯行の残忍さだけではなかった。彼女が助けを求めている間、まわりのアパートにはたくさんの人がおり、しかも、その声はいく人かの人に届いていた。しかし、ほとんどの人が、直接助けるどころか、警察に通報することもなかったのである。

　事件を知っている人がいたにもかかわらず、誰も助けに入らなかったことは、一部のマスコミによってセンセーショナルに取り扱われた。その論調は「住民たちは冷たい」といったまわりの住民たちの人間性に言及するものや、「都会に住むことによってモラルが失われつつある」といった、都会に対するマイナスの価値観に基づくものもあったようである。

　本当に都会の人たちは冷たいのだろうか。あるいは、都会という何か得体のしれないものが、このような現象を生んだのだろうか。ラタネとダーリーは、この事件で起きた不幸は、**傍観者効果**で説明できると考えた（Latané & Darley, 1970）。傍観者効果とは、援助行動が必要な場合に、自分以外の他人がいることで、そのような行動が抑制されることである。

　彼らは、この凄惨な事件のメカニズムを一連の実験で鮮やかに描き出している。そのなかの1つの実験（Latané & Rodin, 1969）では、実験参加者は市場調査に参加してもらうよう依頼され、そのための予備調査に回答した。その際、部屋には実験参加者がひとりだけか、または見知らぬ人と一緒か、のいずれかの状況であった。

実験参加者が予備調査に回答していると、部屋内で緊急事態が起きた。それは、予備調査を行っている調査員が別の部屋に行き、本棚から書類を取ろうとした際に転んでしまう、というものであった。実験参加者は予備調査に回答している最中であったため、別の部屋にいる調査員が転んだ状況を直接目で見ることはできなかった。しかし、音や悲鳴などで、緊急事態であるとわかるようになっていた。ただし、実際にはハプニングは起きておらず、音や悲鳴は録音であった。
　この実験の真の目的は、このような状況で実験参加者がどのような行動を取るのかを観察することであった。その結果、部屋にひとりきりでいた実験参加者の約70％が、隣の部屋へ行く、声をかける、廊下に出て助けを求める、などの援助行動を行ったのに対し、見知らぬ人と一緒にいた実験参加者はわずか7％しか援助行動を行わなかった。
　ラタネとダーリーは、緊急事態における責任の分散がこのような傍観者を生んでしまったのではないかと推論した。つまり、都会に住む人が特別冷たい人間であるとか、都会に住むことでモラルが低下するというよりも、他者による社会的影響がこのような事態を作り出してしまったのである。
　このように、同調や服従、そして傍観者効果は、時に悲劇的な結末を招く。しかも、これまで検討してきたように、社会的影響は認知や感情、そして行動に多大な影響を及ぼす。本章を通じて、社会的影響の持つ力に恐れを抱いた人もいるのではないだろうか。私たちの良心は、これほどまでに脆いのだと。
　しかし、社会的影響の働きを客観的に知ることが、この力の持つ負の側面を乗り越える力にもなることに注目してほしい。他者が存在する場面で必ず生じるのが社会的影響である。教育、仕事、家庭など、日常のあらゆる場面で、社会的影響を用いたコミュニケーションが行われている。換言すると、私たちは、社会的影響を基盤としたコミュニケーションによって意思伝達をより効率的にしているのである。
　社会的影響は人に多大な影響を与えるが、皆がその機能を知ることで、「ど

のような」方向で使うべきかを議論することができる。本来、社会的影響に良し悪しはない。さらに重要なのは、私たちは影響の受け手であると同時に与え手でもあるという認識である。つまり、社会的影響は誰もが発揮できる力であり、他の力がそうであるように、その良し悪しは使い方次第なのである。

引用文献

Allport, F. H. (1924). *Social Psychology*. Boston: Houghton Mifflin.
Asch, S. E. (1951). Effects of group pressure upon the modification and distortion of judgment. In H. Guetzkow (Ed.), *Groups, leadership and men*. Pittsburgh, PA: Carnegie Press. pp.117-190.
Asch, S. E. (1955). Opinions and social pressure. *Scientific American*, 193, 31-35.
Cialdini, R. B. (2001). *Influence: Science and practice*. 4th ed. Boston: Allyn & Bacon.
Freedman, J. L., & Fraser, S. C. (1966). Compliance without pressure: The foot-in-the-door technique. *Journal of Personality and Social Psychology*, 4, 195-202.
Gilovich, T., Keltner, D., & Nisbett, R. E. (2011). *Social psychology*. 2nd ed. W. W. Norton & Company.
Latané, B., & Darley, J. M. (1970). *The unresponsive bystander: Why doesn't he help?* New York: Meredith Corporation.
Latané, B., & Rodin, J. (1969). A lady in distress: Inhibiting effects of friends and strangers on bystander intervention. *Journal of Experimental Social Psychology*, 5, 189-202.
Milgram, S. (1963). Behavioral study of obedience. *Journal of Abnormal and Social Psychology*, 67, 371-378.
Milgram, S. (1974). *Obedience to authority: An experimental view*. New York: Harper & Row.
Tajfel, H., Billig, M. G., Bundy, R. P., & Flament, C. (1971). Social categorization and intergroup behaviour. *European Journal of Social Psychology*, 1, 149-178.
Triplett, N. (1898). The dynamogenic factors in pacemaking and competition. *The American Journal of Psychology*, 9, 507-533.
Wallach, M. A., Kogan, N., & Bem, D. J. (1962). Group influence on individual risk taking. *Journal of Abnormal and Social Psychology*, 65, 75-86.
Zajonc, R. B. (1965). Social Facilitation. *Science*, 149, 269-274.

(大久保暢俊)

11章　心のケア

「朝、学校に行こうとするとお腹が痛くなる」「人と会うのが怖くて、外出できない」。そんな経験はないだろうか。私たちは時に、不安や恐れなどの感情の大きな揺れを体験して日常生活や学業・仕事を適切に遂行できなくなったり、人との関わりがうまくいかないと感じて常に他人に気を遣い過ぎて疲れてしまったり、将来の生き方が見出せずに何事にも意欲が湧かなくなってしまったり、といった、いわば心がうまく働かなくなる経験をすることがある。多くの場合、自分なりの工夫や、本や他人からの適切なアドバイスによって乗り越えているだろう。しかし、場合によっては、心のケアの専門家の助けを借りることが必要なこともある。

カウンセリング・心理療法は、対話を主とした心理的方法による心のケアであり、基づく理論と技法の違いによって、複数のアプローチが存在する。それぞれのアプローチには得意分野、不得意分野があり、1つが万能というわけではない。心のケアの専門家は、どのような対話によって人を援助するのだろうか。

以下では、カウンセリング・心理療法の代表的なアプローチについて、それらが心の失調をどのようにとらえ、改善を目指してどのような対話によって介入していくのかを見ていくことにしよう。

1. 精神分析・精神力動論

「無意識」という言葉を使ったことがあるだろう。「あんなことをいってし

まったのは無意識だった」などと、自分が気づいていない心の働きのことを指すことが多い。言語の使用や自動車の運転などのように、そうしようと意識せずに行っている場合も、「無意識」の心の働きと呼ぶこともある。心の「領域」として「無意識」という概念を提案したのが精神分析の創始者フロイトである。

(1) 無意識の領域にある葛藤とその意識化

フロイトは、身体的な異常が認められないにもかかわらず、咳が止まらない、足が麻痺するなどの身体症状を訴える「ヒステリー」患者の治療を行ううち、心の**無意識**の領域にある、対人関係にまつわる葛藤が原因であることを見出した。そしてこの葛藤を「意識化」することで治療する**精神分析**という治療方法と理論を創始したのである。なお理論のみを指す場合には「精神力動論」ともいう。フロイトは、心の領域を「無意識」と「意識」、そして思い出そうとすれば思い出せるが今は意識に上らない体験が存在している**前意識**の3つに整理し、心の症状や不調の原因が、無意識の領域にある葛藤であると考えたのである。心の領域をこの3つととらえる考え方を「局所論」と呼ぶ（図11-1）。

エリザベートという仮名で知られる女性患者は、原因不明の足の痛みを訴えていた。フロイトの治療で、彼女は姉の夫に恋心を抱いていたこと、姉が亡くなった際に義兄と結婚できると思ったこと、これらの気持ちを不謹慎であるとして抑え込んでいたことを思い出し、思い出したことで症状は消失す

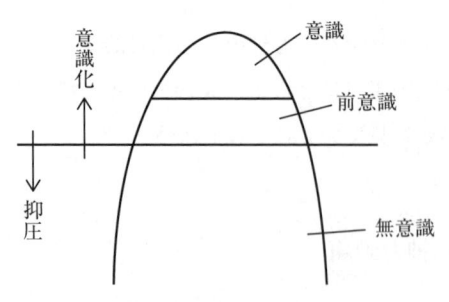

図11-1　局所論（前田，1985より作成）

る。都合の悪い感情は無意識へと抑え込まれるが、抑え込まれた感情は何とか意識に上ろうとし、「症状」に姿を変えて表に出ることで目的を果たしていたのである。そういう感情があることを思い出す、すなわち意識化することが、治療となるのである。

(2) 自我の工夫・防衛機制

心を「運営する」働きにフロイトは**自我**（エゴ）という名前を付けた。この自我が、都合の悪い葛藤を無意識に抑え込もうとする。葛藤は、「〜したい」という欲求を満たすことを、現実の状況や抱いている価値観が許さないときに生じる。心のなかで、異なる働きどうしの力関係が生じているというわけである。欲求のエネルギーは**エス**または**イド**と呼ばれ、価値観や良心として機能している働きは**超自我**と呼ばれる。「自我」は、「エス」と「超自我」と現実状況とを調整しながらうまくやりくりしようと働いているのである（「構造論」図11-2）。

たとえば、お腹が空いたからといってコンビニにある物をその場で食べたり、異性の体に触りたいからといって近くの人を触ったりしては、犯罪になり社会生活を営むことができない。即時に欲求を満たすのではなく、我慢したり先送りしたり代わりの方法で部分的に満たしたりという工夫を自我が行っているのである。こうした自我の工夫のいくつかは**防衛機制**と呼ばれ、その種類が整理されている（表11-1）。防衛機制には、適応的なものと非適応的も

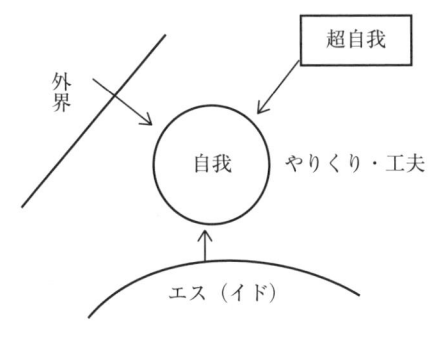

図11-2 構造論（前田, 1985より作成）

表11-1 代表的な防衛機制

反動形成	自分の気持ちとは反対の行動を取る。怒っているのにていねいな態度を取る（慇懃無礼）など。
合理化	自分に都合の悪いことを、理由を付けて正当化し、納得させようとする。振られた人が相手のあら探しをする、など。
退行	実際より低い年齢のようにふるまう。甘えたり、わがままをいって相手を頼る、など。
知性化	性的感情や攻撃的感情など、そのまま感じると都合が悪い場合、知的な理解や観念的な扱いをすることで満足する。
抑圧	自分自身が受け入れられないような考え方、感情、記憶を、なかったことにしたり無理やり忘れようとしたりする。
投影（投射）	自分が感じると都合の悪い感情を、自分ではなく他の人が抱いているように感じる。こちらが本当は嫌悪しているのに相手が嫌っていると感じる、など。
置き換え	愛情や憎しみなどを感じるのが都合が悪い場合、別の対象に向けたり、別の似た感情を感じたりすることで代理的に満足する。

のとがある。工夫として行われている防衛機制ではあるが、非適応的な防衛機制ばかり行われていることが、心の症状や不調を招くこともある。

(3) 転移と逆転移

　厳格で威圧的な父親のもとで育った人が、ゼミの先生や会社の上司など目上の立場にある男性の前で、いつも緊張して萎縮してしまうといったことは珍しくない。主として乳幼児期の頃に体験された、親などをはじめとする重要な他者との間での情緒的体験が、青年期や大人になってから、当の相手ではない人との関係での体験に混ざることがある。これが**転移**と呼ばれる現象である。また、治療でセラピスト（カウンセラー）がクライアント（患者）に対してさまざまな感情を抱くことがある。これはクライアントからの転移への反応であったり、セラピストの個人的な感情が引き起こされた場合であったりする。これを**逆転移**と呼ぶ。心の症状や不調の原因は、無意識のなかに抑え込まれている葛藤、特に過去の重要な他者との情緒的体験にまつわる葛藤であることが多い。無意識の葛藤を意識化することが治療になるのだが、

そう簡単に意識に上っては来ない。時に、クライアントからの転移やセラピストの逆転移として姿を現すことがある。転移と逆転移は、原因となる葛藤にたどり着くための重要な手がかりとなるのである。

(4) **精神分析の治療と展開**

クライアントは何でも思い浮かんだことを自由に話すことを求められる。それでも、自由に話すことを拒むことがある。これを**抵抗**と呼ぶ。抵抗は、無意識の葛藤を自我が抑え込もうとしていることの表れであり、この抵抗を分析することが症状の原因にたどり着くために有効である。「転移」や「逆転移」、そしてこの「抵抗」の分析を経て、原因となる葛藤を意識化することを「洞察」と呼ぶ。しかし一度洞察に至ったからといって、すぐに葛藤が消失するわけではない。その葛藤にまつわるさまざまな体験を検討する作業を行うことで、徐々に薄らいでいくのである。この作業を「徹底操作」と呼ぶ。伝統的な精神分析は週5日、1回60分程度、寝椅子に横になって行うが、現在では椅子に座って対話する形式で週1回程度行われるのが一般的である。この方法は伝統的精神分析と区別して「精神分析的心理療法」と呼ばれる。

治療を目的として創始された精神分析であるが、現在医療現場で行われることは少ない。しかし、クライアントの心の理解、クライアントとセラピストとの間で生じていることの理解のための枠組みとして精神分析の考え方は有効である。

フロイトの考えはその後さまざまに修正、発展がなされた。精神分析内でも、自我の働きを重視する「自我心理学」、心のなかでの他者の表象を重視する「対象関係論」、現実での他者との関係の経験を重視する「対人関係論」、自己愛の役割を重視する「自己心理学」などの学派が存在する。

2. 行動療法・認知行動療法

認知行動療法は、近年パニック障害やうつに対してその効果が認められ、急速に医療現場に浸透している心理療法である。1990年代に行動療法と認

知療法とを統合して形が整理され、現在最も注目されている心理療法といえる。

(1) 条件づけのしくみ

行動療法では、心の症状や不調、望ましくない感情状態や行動習慣、思考パターンは「条件づけ」のしくみで身に付くととらえて、この「条件づけ」のしくみを利用して修正を直接試みる。

条件づけには、「古典的条件づけ」と「オペラント条件づけ」という大きく2つのしくみがある。「古典的条件づけ」とは、ある刺激に対して生物として自動的に生じる反応の結びつきに、本来その反応を起こさない刺激を組み合わせて呈示することで、後者の刺激にも反応が生じるようになるというしくみである。行動主義心理学者ワトソンは、幼児に白いネズミを見せたときに大きな音を立てて恐怖反応を起こさせることを続けたところ、幼児が白いネズミを見ただけで恐怖反応を起こすことを実験で示し、恐怖症が条件づけのしくみで生じることを主張した。これは幼児の名前をとって「アルバート坊やの実験」として知られている。

もう1つの「オペラント条件づけ」は、本人が自発的に行う行動に、好ましい結果が伴うとその行動を行う頻度が増し、好ましくない結果が伴うとその行動を行う頻度が減少するというしくみである。ギャンブルでたまたま当たりが数回続くとやめられなくなるという現象はこれに当たる。

(2) 「認知」の役割の重視

私たちは、状況や出来事の意味を、自分なりのやり方で意味づけている。たとえば、道の向こうにクラスメイトを見つけて手を振ったところ相手が何も反応しなかったとき、ある人は「遠過ぎて気づかなかったんだな」と駆け寄り、ある人は「無視された」ととらえてもうその人に近寄らなくなるかもしれない。同じ状況に直面しても、各自に生じる心理状態や取る行動が異なるのは、状況の意味づけ方、すなわち「認知」の仕方が1人ひとり異なるからだと考えるのである。ある心理状態や行動が生起するプロセスを理解するには、「条件づけ」のしくみに「認知」を組み込むことが有効であり、そし

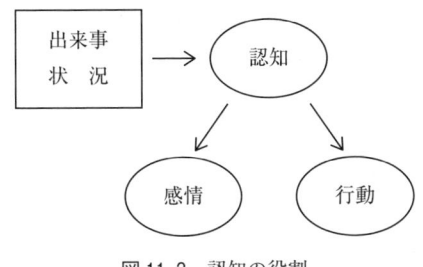

図 11-3　認知の役割

てその「認知」を変化させることができれば、不適切な心理状態や行動は修正可能だと考えるのが**認知行動療法**である（図 11-3）。

(3) 介入の方針

　まず、状況・出来事、認知、感情、行動を区分けし、クライアントに生じやすいパターンを特定する。認知行動療法では、書き込み式のワークシートがよく用いられる。たとえば「コラム法」というワークシート（大野, 2003）では、「道の向こうにいる友人に手を振ったら反応がなかった」という状況に直面した際、どのような感情が生起したかを、クライアント自身に記入してもらう。そして、その感情の強さについて、「心配　70％」などという具合に本人に数値的に評定してもらう。さらにそのときに頭に浮かんだ思考を思い出して記入してもらう。「気づいたはずなのに無視された」「自分のことを嫌っているからに違いない」「いつもこうやって自分は人から無視される」など、いつもなら取り立てて意識を向けていないけれどもよく浮かんできている思考を、紙に書いて正体をはっきりさせるのである。この自動的に浮かぶ考えのことを「自動思考」と呼び、この自動思考が状況の意味づけ方を決めているのだと考えるのである。自動思考を特定したなら、そう思える根拠、そうとはいえない反証を書き出し、そのうえで自動思考に取って代わる「適応的思考」を考えて書いてもらう。たとえば、「遠かったので気づいていなかった可能性だって大いにある」「1 回気づかれなかったとしても、また同じような状況になったら手を振ってみればいい」「気づいていて手を振らなかったのは、自分のことを嫌っているからとは限らない」などである。この適応

的思考を書き出したうえで、改めてはじめに書いた感情とその強さを評定してもらう。多くの場合、心配の数値がいく分減ることが期待できる。このようにして「自動思考」すなわち「認知」を修正して、感情や行動の変化を目指すのである。もちろん心配が0％になることはないだろうが、たった1度ワークシートを記入する作業を行っただけでも、感情や気分の変化が期待できることは心強い（大野，2003）。セラピストは、質問をしたり各概念の説明をしたりしながら、クライアントがワークシートを適切に記入するように手助けする役割を取り援助を進めていく。

(4) 系統的脱感作

行動療法の代表的な心理療法に**系統的脱感作**がある。たとえば、満員電車に乗るのが怖いというクライアントは、電車にまつわるいろいろな状況が、恐怖反応と条件づけられてしまっているととらえられる。「古典的条件づけ」のしくみである。この条件づけを修正していくことが目指される。今、恐怖反応が結びついてしまっている「満員電車に乗っている状況」に、新たに「リラックス状態」を上書きするように条件づけることを試みる。しかし、いきなり満員電車に乗ることは恐怖が強くて取り組むのが難しい。そこで、「満員電車に乗る」という最も恐怖が強い状況を目指して、そこに至るまでの状況を、より弱い状況からの段階に分けるのである。たとえば、駅のホームに立つ、電車に足を一歩踏み入れる、空いている電車に一駅乗る、などという具合にである。この段階を表にしたものを**不安階層表**と呼ぶ。あらかじめ、身体をリラックス状態にする訓練をしておき、恐怖の弱い段階から1つずつ、リラックス状態を上書きするように条件づけていき、1つひとつ段階を上げて、最終的には満員電車に乗ることを目指すという方法である。

(5) シェイピング

落ち着きがなく勉強が嫌いな子どもに、家庭学習の習慣を付けさせたいとしよう。まず、子どもが自ら自分の机に座ったらごほうびをあげる。次に、机に座って何でもよいから本を開いたらごほうびをあげる。次は教科書を開いたら、その次は宿題に手を着けたら、という具合に、徐々に目標の行動へ

と近づけていく工夫は日常的に行われている。これは、自発的に行う行動の獲得を目標としたオペラント条件づけのメカニズムの利用である。この工夫を治療や教育に応用したものが行動療法の1つである**シェイピング**という心理療法である。目標の行動に近くしかも行いやすい行動をまず条件づけ、その行動が十分身に付いたら、その行動への条件づけを止め、次に目標により近い行動への条件づけを開始し、徐々に目標の行動の獲得へと近づけていく方法である。自閉症スペクトラム児の発話プログラムや、ソーシャル・スキル・トレーニング（SST）で用いられている。

(6) 行動療法・認知行動療法の留意点

作業にはクライアントの意欲が必要である。そのためにはクライアントとの信頼関係を築くことが欠かせない。これには後述するクライアント中心療法の態度と技法が役に立つ。また、ワークシートへの記入など、思考力を要する作業はうつ状態のクライアントには負担が大きいため、状態を見ながら作業を提示していくことが大切である。

3. クライアント中心療法

(1) 体験と気づきの不一致

私たちは、どうして悩んだり、晴々としない気分で過ごすことがあるのだろうか。たとえば、期待に胸を膨らませて始まった大学生活や会社生活、恋人やパートナーとの生活で、うまくいかないと感じたり、意欲が出なかったり、イライラやむなしさがつのったりするとき、心はどういう状態なのだろう。

クライアント中心療法では、置かれた状況で本当に自分が体験していることを、私たちはいつも気づいているわけではなく、いわば「体験」と「気づき」がずれている不一致の状態にあり、この体験と気づきのずれが大きくなることが悩みや不適応行動を生むと考える（図11-4）。

人間は本来、植物など他の有機体と同じように、どんな状況であれ置かれ

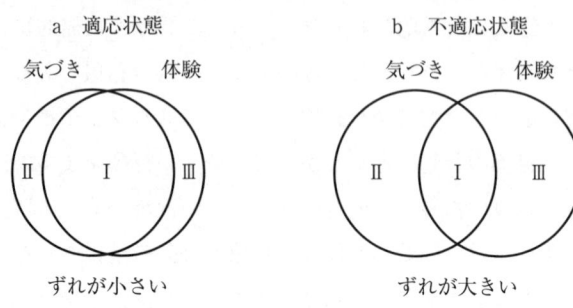

```
         a  適応状態              b  不適応状態
       気づき    体験            気づき    体験

         Ⅱ ( Ⅰ ) Ⅲ                Ⅱ ( Ⅰ ) Ⅲ

        ずれが小さい              ずれが大きい
```

Ⅰ．気づきと体験が一致している。
Ⅱ．体験を歪めて気づきに上らせている（歪曲）。
Ⅲ．体験しているが気づきに上らせない（否認）。

図11-4　気づきと体験の一致・ずれ（Rogers, 1951 より作成）

た状況で十分に自分の持っている力を発揮しようとする「実現傾向」を備えているとクライアント中心療法では考える。しかし、体験と気づきがずれていると、その状況において望ましい方向性に向けてこの傾向が発揮されることが妨げられてしまうのと考えるのである。

　私たちは、'自分が本当は何を感じているか''何が自分にとって本当に望ましいのか'に気づくことをいつも許されているわけではない。生まれたときから、親をはじめいろいろな人に囲まれ支えられて生きている。特にまだ幼い頃は周囲の人たちに支えられることが生きるために重要であり、たとえば'親は自分がどうするときに機嫌がよいか／よくないか'に気づくことは、'自分自身がどうしたいと思っているか'よりも優先されることがある。成長して学校に通うようになってからも、親や学校の先生、友人のなかで安全に過ごすこと、ほめられたり認められたりすることは重要である。そのため'自分自身がどうしたいと思っているか'はやはり二の次になることがある。こうして、本当に自分が体験している体験そのものと、「自分はこういう体験をしている、その体験を自分はこう感じている」と自分が体験について'気づいていること'とが、ずれていくという事態になるのである。

(2) セラピストの態度条件

クライアント中心療法では、クライアントが、自分自身今体験していることをじっくり体験できる場と関係の提供を目指す。カウンセリングの場で、体験と気づきのずれができるだけ少なくなることで、「実現傾向」の発揮を目指すのである。そのためにセラピストはどうすればいいのだろうか。体験と気づきのずれが大きくなってしまっているのは、自らの体験に耳を傾けるよりも、他人や世間の価値観を優先したことが大きな原因である。したがって、カウンセリングの場では、セラピストの評価や顔色をうかがうことなく、クライアントが自由に自分の体験を味わったり表現できることが大切になる。そのためにセラピストが行う重要なことは、まずクライアントの話をじっくり「聴く」ことである。聴き漏らしや聴き違いをしないことはもちろん、良し悪しの評価をせず、早わかりしようとせず、すぐにアドバイスや意見を伝えようとせず、「この人は、そういう体験をしているんだなあ、自分と同じくひとりの独立した人間としてそういうことを体験しているんだなあ」と、どんな内容の体験であれその体験を認めるように聴くのである。これが**無条件の肯定的関心**と呼ばれるセラピストの態度である。なお、この態度は、そういう体験がありうるということを認めるのであって、その体験をよしと是認することとは違う。

また、クライアントがどのような体験をしているのか、セラピストは理解しようとする。単に頭で理論的客観的に理解するのではなく、クライアントの体験をあたかも自分が体験しているかのように理解しようとするのである。クライアントが「人と会うのが怖くて緊張してしまうんです」と語ったとしよう。人と会うときに喉やみぞおちがきゅっと硬くなってしまったり、何を話したらいいか頭が真っ白になってしまったり、どう見られているか気になってぎこちなくなってしまったり、そういう体験をあたかも自分が体験しているかのように理解しようとするのである。これが**共感的理解**と呼ばれるセラピストの態度である。このとき、セラピスト自身の体験を混ぜてしまわずに、あくまでも「あたかも、かのように」という特質が維持されていることが重

要とされる。

　ところで、クライアントからは、目の前にいるセラピストは、いろいろなことを感じたり考えたりしているように見えるはずである。自分の話したことがどう受け取られているかよくわからず、何か企んでいたり隠しているように見えるとしたらどうだろうか。安心して自由に目の前のセラピストに自分のことを話すことは難しいだろう。したがって、セラピストの側は、クライアントと共にいる自分が、何を体験しているのかを気づいていることが大切である。そして、そういう体験をしている相手として、つまり何か隠していたり別の体験をしていたりする人としてではなく、クライアントに見られていることも大切である。これが**自己一致**または**真実性**というセラピストの態度である。クライアント中心療法の創始者ロジャーズは、「治療的人格変化の必要十分条件」という論文で、6つの条件を提示した（Rogers, 1957）。このうち、上記カウンセラーの態度に関わる「無条件の肯定的関心」「共感的理解」「自己一致」の3条件が、「中核条件」と呼ばれている。

(3) 反射と共感的理解

　クライアント中心療法は主張する。クライアントが、自己一致した他者が自分のことを共感的理解しようとしている際にその他者から無条件の肯定的関心を受け取るならば、実現傾向が発揮される、と（Bozarth, 1997）。「自己一致」「無条件の肯定的関心」「共感的理解」という態度を実現しようとしているセラピストが行うことは一見地味である。クライアントの様子を観察し、話に込められたニュアンスをも受け取ろうと耳を傾け、どんな体験をしているのだろうかと想像力を働かせる。クライアントの言葉をそのまま繰り返して伝え返す「反射」という応答がクライアント中心療法の技法として知られている。「反射」はこれらの態度を実現するべく心を砕いている際に、表に現れている応答なのであって、決して単なるおうむ返しではない。「反射」をしながらクライアントの体験を想像し、理解したことを言葉にして伝え返すセラピストを同行者に得て、クライアントは自分の体験をじっくり味わい吟味する機会を得るのである。

以上がカウンセリング・心理療法の代表的な3つのアプローチである。このほか、家族全体のあり方が特定のひとりの症状や問題行動に現れるととらえて家族全体にアプローチすることを重視する「家族療法」や、日本で生まれた心理療法である「森田療法」「内観療法」など、さまざまなアプローチが存在する。いずれも、それぞれの理論的枠組みから、生じている現象を理解しよりよいありようを実現しようとしている。多様なアプローチが存在しているということが、人間の心が単純にはとらえきれないことや、生きていくうえで直面する困難の多様さを物語っているといえるだろう。

引用文献

Bozarth, J. D. (1997). Empathy from the framework of client-centered theory and the Rogerian hypothesis. In A. Bohart, & L. Greenberg (Eds.), *Empathy reconsidered: New directions in psychotherapy*. Washington D.C.: APA press. pp.81-102.
前田重治 (1985). 図説精神分析学　誠信書房
大野　裕 (2003). こころが晴れるノート——うつと不安の認知療法自習帳——　創元社
Rogers, C. R. (1951). *Client-centered therapy: Its current practice, implications, and theory*. Boston: Houghton Mifflin.
Rogers, C. R. (1957). The necessary and sufficient conditions of therapeutic personality change. *Journal of Consulting Psychology*, 21, 95-103.

（小林孝雄）

12章　心の健康

「心の健康」といわれたときに、何をイメージするだろうか。ある人は落ち込んだ友人をイメージするかもしれないし、うつ病や自殺などの精神疾患や社会問題を思い出すかもしれない。現代社会はストレス社会と呼ばれるほどに心理的負担の大きな社会となっており、心の健康の重要性が叫ばれて久しい。心の健康の向上や維持を目的として、社会的にもさまざまな支援や対応策が講じられている。

では、「心の健康」あるいは「ストレス」とは何を指し、どのような形で扱われているのだろうか。また、どのような支援が提供されているのだろうか。本章では、実際の支援にも触れながら、心理学という切り口から「心の健康」や「ストレス」について、改めて見直してみよう。

1. 心の健康とは何か

WHOによれば健康とは、「病気でないとか、弱っていないということではなく、肉体的にも、精神的にも、そして社会的にも、すべてが満たされた状態にあること」と定義されている。つまり、健康という言葉には「心の」と改めて付けるまでもなく心理的な要素が含まれている。

厚生労働省は、心の健康の要素として、自分の感情に気づいて表現できること（情緒的健康）、状況に応じて適切に考え、現実的な問題解決ができること（知的健康）、他人や社会と建設的でよい関係を築けること（社会的健康）、人生の目的や意義を見出し、主体的に人生を選択すること（人間的健康）の4

つをあげている（健康日本21企画検討会・健康日本21計画策定検討会，2000）。言い換えれば、心の健康とは、感情的に豊かであり、生活上の課題や問題に対処し、他者との交流を保っている状態であり、私たち自身の生活が生き生きとした状態を指している。楽しいことを楽しみ、悲しいことを悲しみ、日常の学業や仕事をこなし、その後には周囲の人と食事に出かけ、会話をする。こうした日常で生き生きとした感覚を感じることができていれば、それは心が健康的な状態といえる。

以下では、こうした心の健康的を害するストレスについての心理学理論を確認しよう。

2. ストレスのメカニズム

(1) ストレッサーとストレス反応

テスト前になると必ずお腹が痛くなる子どもがいる。テストが終わると腹痛はけろりと治ってしまうが、これは仮病ではない。心理学ではストレスを与えてくるものを**ストレッサー**と呼び、ストレッサーによって生じる私たちの変化を**ストレス反応**と呼ぶ。そしてストレッサーによってストレス反応が生じる過程を総称してストレスと呼ぶ。先の例であればテストがストレッサーであり、腹痛がストレス反応ということになる。それでは代表的なストレスの理論を紹介していこう。

(2) セリエの汎適応症候群

生理学者のセリエは、新種のホルモンを発見するための研究をしているなかで、ある種のホルモン物質が心身にさまざまな変化を引き起こすことに注目した。それまでの学説では1つの原因が1つの病気を引き起こすと考えられていたため、1つの刺激がさまざまな形で心身に影響を与えるという発想は画期的であった。たとえば、極端に暑い部屋で作業を続けていると、いらいら感、腹痛、胃潰瘍などのさまざまな身体症状が見られるようになる。彼はこうした反応を**汎適応症候群**と名づけた（図12-1）。

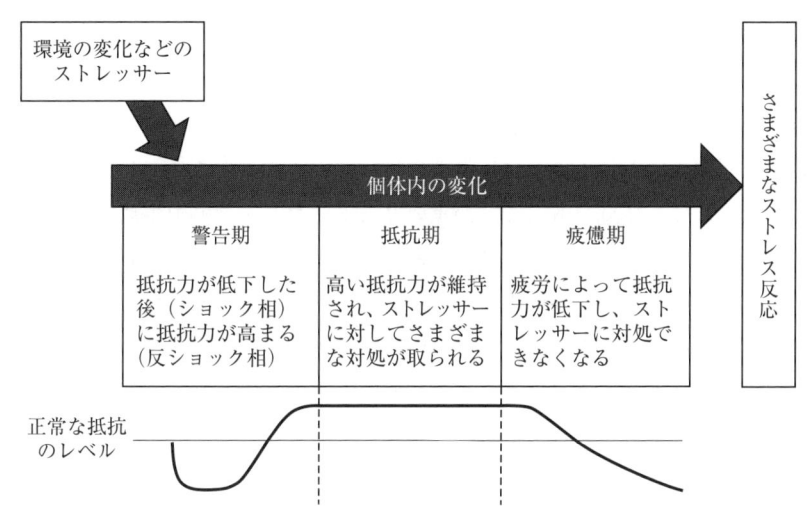

図 12-1 のような図において、以下のように構成されている。

- 環境の変化などのストレッサー → 個体内の変化 → さまざまなストレス反応
- 警告期：抵抗力が低下した後（ショック相）に抵抗力が高まる（反ショック相）
- 抵抗期：高い抵抗力が維持され、ストレッサーに対してさまざまな対処が取られる
- 疲憊期：疲労によって抵抗力が低下し、ストレッサーに対処できなくなる
- 正常な抵抗のレベル

図 12-1　セリエの汎適応症候群（野口，1998 より作成）

　ストレッサーが生体を刺激すると、生体は一時的に抵抗力が低下するショック状態となる。これはストレッサーに対応できていない状態であり、体温・血圧・血糖値・筋緊張の低下、血液の濃縮などが見られる。その後、一定時間が経過すると防衛反応として血圧・体温・血糖値の上昇、筋緊張の増加などが生じ、抵抗力が通常よりも高まる反ショック相に移行する。この時期を警告期と呼ぶ。次に、抵抗力が通常より高まった状態が維持され、ストレッサーに対してさまざまな対処が取られていく。この時期を抵抗期と呼ぶ。抵抗期を迎えても、なお長時間にわたりストレッサーが維持されると、生体の力が使い果たされ対処能力が下がっていく。この時期を疲憊期と呼ぶ。疲憊期になると身体的な抵抗力も減退し、さまざまな不調が見られるようになってくる。たとえば、私たちはものすごい騒音環境に置かれるとびっくりして、すぐにそれに対応するために、耳をふさぐなどの対応をとる（警告期）。しばらく自分なりの対応で我慢を続け、騒音に何とか対応しようとあれこれ手を尽くす（抵抗期）。しかし、我慢とがんばりを続けているうちに限界に達し、頭痛や胃痛などの身体症状が出てしまう（疲憊期）。

汎適応症候群のモデルは、生理学的な環境と生体の変化を表したものだが、私たちが心理社会的ストレスに遭遇したときの反応に共通する部分もないだろうか。ストレッサーが発生した直後だけではなく、何とか対処している状態が長期間維持されると心身に不調を来してくる。大きなストレッサーに直面した後には、休息を取ることが重要となる。たとえば外国生活を始めた当初は心身の状態は良好に過ごせることが多いが、ある程度の時間が経過した後にさまざまな不調が出て来ることがある。環境が大きく変化したときには、元気に過ごせていてもあえて休息を取ることで、その後の体調不良を防げるだろう。このモデルを受けて、心理的要因を含んだストレスモデルが提唱されていった。

(3) ストレスとライフイベント

では、どのような出来事が強いストレッサーをもたらすのだろうか。誰もがストレス反応を示す人生上の出来事は**ライフイベント**と呼ばれている。ホームズとレーエは、人生上の大きな出来事が引き金となって病気になると考えた。彼らは、基準として結婚を50点、配偶者の死を100点とし、種々のライフイベントに遭遇した際の再適応のための努力と時間を主観的に評定してもらい、その結果をまとめた社会的再適応評価尺度として発表した。しかし、この結果は1960年代のアメリカにおける結果であり、現代の日本の状況とは大きく異なるため、本書では日本国内での調査結果と合わせて示す（表12-1）。なお、日本国内の調査では結婚のみを50点としており、配偶者の死については基準にしていない。比較してみると、ストレッサーは文化や経験する本人の社会的立場によって異なることがわかるだろう。

3. ラザルスのストレス理論

(1) ラザルスのデイリーハッスル理論

配偶者の死などのライフイベントは確かに大きなストレスとなるが、友人とのトラブルのような規模の小さいものでも毎日のように繰り返されれば大

表12-1 ライフイベントとストレス得点

順位	大学生		勤労者		主婦		ホームズらの調査結果	
	ストレッサー	得点	ストレッサー	得点	ストレッサー	得点	ストレッサー	得点
1	配偶者の死	83	配偶者の死	83	配偶者の死	83	配偶者の死	100
2	近親者の死	80	会社の倒産	74	離婚	75	離婚	73
3	留年	78	親族の死	73	夫の会社の倒産	74	夫婦間の別居	65
4	親友の死	77	離婚	72	子どもの家庭内暴力	73	拘留	63
5	100万円以上のローン	72	夫婦の別居	67	夫が浮気をする	71	親族の死	63
6	大学中退	71	会社を変わる	64	夫婦の別居	70	個人の怪我や病気	53
7	大きな怪我や病気	69	自分の病気や怪我	62	自分の怪我や病気	69	結婚	50
8	離婚	68	多忙による心身の過労	62	親族の死	69	解雇・失業	47
9	恋人（配偶者）との別離	68	300万円以上の借金	61	嫁・姑の葛藤	67	夫婦の和解・調停	45
10	自己または相手の妊娠	67	仕事上のミス	61	夫がギャンブルをする	66	退職	45

(Holmes & Rahe, 1967；夏目・村田, 1993)

きなストレスにならないだろうか。この日常のなかで起こる些細な出来事、すなわちデイリーハッスルによって経験されるストレスに注目したのがラザルスである。彼は、日常的に感じるストレスとして、「物を置き違える、または紛失する」「将来についての心配」「厄介な隣人」など117項目のリストを作成し、こうした小さな出来事の方がライフイベントよりも心理的状態に影響を与えることを示した。たとえば、ある授業の単位を落とすこともちろんストレスだが、友人とのちょっとしたけんかが続いてしまうことの方が

ストレスになるのだ。しかも、こうした日常の些細な出来事の方が知らず知らずのうちに心身の不調をもたらすことがわかっている。

(2) ラザルスの心理的ストレスモデル

凄惨な事件が自宅近辺で起こった場合はわが身のことのように動揺して対応に奔走するが、遠い国で起こった場合には、対岸の火事とばかり平静な気持ちでニュースを見ることができる。このように、同じ出来事でもその反応は大きく異なる。私たちに生じるストレス反応はさまざまな条件によって異なり、人はそれを評価したうえでストレスの度合を判断しているのだ。

ラザルスは、同じストレッサーにさらされても、その人によってストレス反応が異なる点に着目した。そして、ストレスに対する認知的評価という要素を用いてよりダイナミックなモデルを提唱した（図12-2）。

ストレッサーが出現すると、人はまず主観的な評価を行う。このとき、ストレッサーが脅威であるかどうかについての評価（**一次的評価**）とストレッサーに対処できるかどうかの評価（**二次的評価**）がなされる。一次的評価で

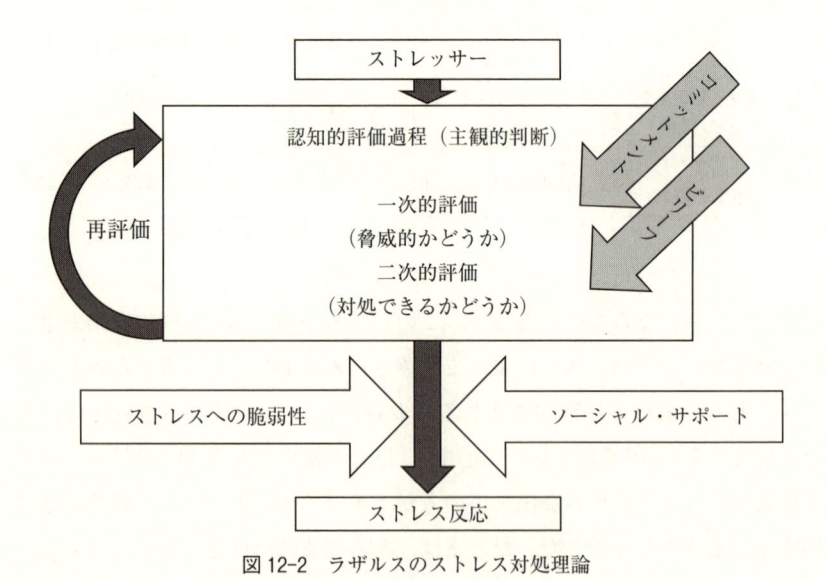

図12-2 ラザルスのストレス対処理論
（ラザルス＆フォルクマン，1991より作成）

は、ストレッサーを①自分と無関係なストレッサー、②無害または肯定的なストレッサー、③ストレスフルなストレッサーのいずれかに分類することとなる。テストが隣のクラスだけで実施されるのであれば、そのテストを①に分類するが、自分のクラスで実施されるとなれば③に分類するだろう。あるいは、テストが成績評価に含まれないことがわかっていれば②となる。

　次のステップとして、一次的評価とは相互に独立して二次的評価がなされる。二次的評価では、ストレッサーに対してどのような対処が可能か、それによって影響を最小限に留めることが可能かというコントロール可能性が判断される。テストがあったとしても、得意科目であれば対処可能であるというコントロール可能性が高まり、ストレッサーの脅威度は低下することになる。

　ここで重要なことは、一次的評価および二次的評価はその人自身が持っている物事に対するコミットメントやビリーフに影響を受ける点である。コミットメントとは、思い入れのような関与の程度であり、強ければ強いほどストレッサーから受けるダメージは大きく評価される。テスト科目が今後も自分が専門としていきたい分野のものであれば、ストレッサーとしてのテストの脅威度が高くなる。ビリーフは出来事を解釈する際の型のようなもので、それまでの人生経験によって構築された価値観や信念である。私たちが無意識のうちに持っている「こうあるべき」といったビリーフはストレッサーの評価に影響を与える。「すべてのテストでよい点を取らなければならない」と思っていれば、自然とプレッシャーや不安感などのストレス反応は大きくなる。強固なビリーフは、時に自責感や落ち込み、不安を生じさせることがこれまでの研究でわかっている。

　二次的評価の際に取られる何らかの対処を**コーピング**と呼ぶ。コーピングには直接的に問題状況に働きかける**問題焦点型コーピング**と、情動状態を調節するために取られる**情動焦点型コーピング**が存在する。テスト前に慌ててノートを見直し勉強するといった行動は問題焦点型コーピングであり、テストが心配な気持ちを落ち着けるために友人と愚痴り合うといった行動が情動

焦点型コーピングに当てはまる。私たちは、意識的にも無意識的にもこうしたコーピングを行うことで、ストレス反応を低減している。

その他、周囲の人々の助けも私たちのストレス反応を低減してくれる。心理学では、他者からの有形無形の支援を**ソーシャル・サポート**と呼んでいる。ソーシャル・サポートには、落ち込んでいるときに励まされるといった**情緒的サポート**、ストレス状況に関する新たな情報を得るような**情報的サポート**、実際に困難や問題の解決を手伝ってもらう**道具的サポート**、考えや行動を承認してもらう**評価的サポート**の4つが存在する。ライフイベントと呼ばれるような強いストレッサーにさらされているときこそ、他者からの支援が必要となる。それ以外に、不安の感じやすさなどの私たちがある程度持って生まれたストレスに対する脆弱性は、ストレス反応を強める要因とされている。

4. 心の健康のために

(1) コミュニティ・アプローチとは

つらい出来事が起こり、それに悩んでいるときに助けとなるのはまわりの友人、家族、同僚などの人々であり、心の健康を維持するためには、そうした人々からのさまざまな支援が大きな意味を持つ。こうした私たちを取り囲む環境を**コミュニティ**と呼び、家族、友人などの身近な存在から、国際機関、国、自治体、学校、会社などの組織まで含まれる。

ある人の心の健康が損なわれた際に、それをその人だけの問題と考えるのではなく、その人を取り巻く地域、会社、学校、家族などがどうやってサポートしていけばいいか、そのための可能性やしくみを改善していこうとする考えを**コミュニティ・アプローチ**と呼ぶ。体調不良で欠席日数が多く、テストに対して不安になっている人がいたとしよう。当然ながら自分自身でノートを取ることができなかったし、見せてくれる友人もどうやらいなさそうである。「あの人は心配性だからしょうがない」と考えるのは簡単だが、コミュニティ・アプローチでは次のように考える。「どうすれば友人からノートを

借りやすい環境を作ってあげられるか、そもそもクラスの雰囲気作りに問題はなかったか」「欠席があったとしても自分で勉強できるようなしくみが必要なのではないか」と。心の健康を害した人がいたときに、その人が所属する集団に働きかけ、心の健康が回復・改善することを目指すのだ。以下では、具体的なコミュニティ・アプローチの事例を2つ紹介したい。

(2) コミュニティでの子育て支援

　子育て中の養育者は、子どもの身体的な健康に注意を払い、おむつ替えや食事の準備なども行わなければならない。子どもの成長を心配することもあるだろう。あるいは、しつけについて「これでいいのだろうか？」と悩むこともあるだろう。子どもの健康に関わることや親としての悩みがストレッサーとなるのだ。こうした子育てに伴うストレスを**育児ストレス**と呼ぶ。ストレスの原因となる出来事は多くなる一方で、自分自身の時間はなくなってしまい、それまでのようなコーピングでストレスを解消することができなくなる。こうした現状を踏まえ、育児ストレスを和らげるためのコミュニティ・アプローチがさまざまな形で行われている。

　厚生労働省（2007）は、養育者の孤立を防ぐために、子育て中の親子が相互に交流し、不安や悩みを共有し、相談できる場所を提供しようとしている。たとえば、地域の親たちが商店街のなかで交流できる子育て広場を立ち上げ、親どうしの交流を生み出す活動を支援している。同じような状況で同じようなストレスを感じている者どうしで支援し合うことを**ピア・サポート**と呼ぶが、子育て広場は、同じ年代の子どもを持つ親どうしで支え合うピア・サポートの場である。また、地域の親たちが集い、子育てに対する講習や研修を受ける場としても有効である。

(3) 学校現場でのコミュニティ・アプローチ

　学校現場での新たな試みとして、いじめや不登校といった学校現場での問題に取り組むアプローチとして、オーストラリアで広く実施されているフレンズ（FRIENDS）と呼ばれる予防教育プログラムを紹介したい。認知行動療法に基づき開発されたフレンズは、子どもたちが他者と関わるスキルや自分

自身の感情をコントロールするコーピング能力の獲得を促すものである。つまり、子どもたちが学校生活を送るなかで遭遇するさまざまなストレスに対抗するための力を培っていくためのプログラムだ。以下に詳しく紹介しよう。

フレンズは、多くの場合、クラス単位で行われる。トレーニングを受けた教員、心理士、看護師、社会福祉士などが、専用のワークブックを用いて、1回60〜75分程度のワークを合計12回実施する。ワークブックは、子どもたちの興味を引くような例やイラストを用いて、リラックスの大切さ、自分自身を大切に扱うこと、周囲へ助けを求めること、困難に出会ったときにフレンズのスキルが有効であることの4つを基本原則として構成されている（松本, 2008）。子どもたちは、この原則に従い自分自身の気持ち、考え、状況などを言葉や絵で描くワークに取り組み、グループで話し合い、ロールプレイやゲームを行う。たとえば、リラックス法を学ぶ回では、「ロボット」になってみることで緊張している身体の感覚に気づき、「クラゲ」になってみることで脱力してリラックスした身体の感覚を学ぶ。また、相手の名前とよいところを伝えてボールを渡すゲームを通して、他者を尊重した関わり方を学んでいく。

フレンズプログラムは、日本国内では柏市で小学6年生を対象に行われており、子どもたちの不安が低減したことが成果として報告されている（柏市・千葉大学大学院医学研究院, 2014）。プログラムに参加した子どもたちからは、「いろんな人としゃべれるようになった」「友だちとの関わり方が変わり、つきあいやすくなった」ことが報告され、同様の評価が教員や保護者からも得られている。フレンズは、学校現場を舞台に、クラスというコミュニティに働きかけることで、心の健康を維持する新しい試みといえる。

心の健康やストレスは、私たちを取り巻く環境のなかにある身近な問題である。自分自身の心の健康を維持するために、ストレスがどのように私たちに影響するのか、どのようなことが起こったときに強いストレスを感じるのか、そして、どのような支援が受けられるのかを知っておく必要があるだろう。また、周囲の人の心の健康を維持するために、コミュニティの一員とし

てどのようなことができるのかを考え続けることも大切である。

引用文献

Holmes, T. H., & Rahe, R. H. (1967). The social readjustment rating scale. *Journal of Psychosomatic Research*, 11, 213-218.

柏市・千葉大学大学院医学研究院（2014）．柏市自殺対策緊急強化事業（4年目）報告書　千葉県地域自殺対策緊急強化基金事業

健康日本21企画検討会・健康日本21計画策定検討会（2000）．21世紀における国民健康づくり運動（健康日本21）について報告書　厚生労働省

厚生労働省（2007）．地域子育て支援拠点事業実施のご案内　厚生労働省雇用均等・児童家庭局総務課少子化対策企画室

ラザルス, R. S. & フォルクマン, S.，本明寛・内山喜久雄（監訳）（1991）．ストレスの心理学——認知的評価と対処の研究——　実務教育出版

松本有貴（2008）．レジリエンス（困難を跳ね返す力）を育む「フレンズ」プログラム　ちゃいるどネットOSAKA, 84, 4-7.

夏目　誠・村田　弘（1993）．ライフイベント法とストレス度測定　公衆衛生研究, 42, 402-412.

野口京子（1998）．健康心理学　金子書房

（浅野憲一）

読 書 案 内

　本書を読み進みながら、心理学についてもっと知りたくなった人たちのために、初学者向けの参考図書を紹介する。
　リストアップされた図書の多くは、平易でわかりやすいものであるが、なかには、少し厚いように、あるいは、やや専門性が高いように感じられるものもあるかもしれない。しかし、そうした図書も、まずは実際に手にとって、パラパラとページをめくってみてほしい。キーワードを探したり、図表を眺めたりしているうちに、いつのまにか、知りたかったことに出会えているはずである。
　読者には、心理学への関心の高まりに促されながら、以下のリストを、それぞれの知的好奇心を満たすことに役立ててほしい。
　なお、選書と紹介は、心理学全般、心理学辞典・心理学事典については編著者が担当し、各章については章の執筆者が担当した。また、読書案内前文については編著者が担当した。

心理学全般
①長谷川寿一・東條正城・大島　尚・丹野義彦・廣中直行（2008）．はじめて出会う心理学　改訂版　有斐閣
②北尾倫彦・中島　実・井上　毅・石王敦子（1997）．グラフィック心理学　サイエンス社
③今井久登・平林秀美・工藤恵理子・石垣琢麿（2009）．心理学をつかむ　有斐閣
④鹿取廣人・杉本敏夫・鳥居修晃（2011）．心理学　第4版　東京大学出版会

　心理学の教科書には良書が多く、その全てを紹介できないことがとても残念であるが、ここでは、そうした良書のなかから、比較的新しいものや、長く版を重ねているもの、そして、初学者にもわかりやすく書かれているものを選んだ。
　①は本書と並行して読むべき教科書。読者は平易な文章を読み進むうちに、いつしか心理学の本質に触れている自分に気づくことになるだろう。②はコンパクトにポイントを押さえた構成となっており、図表も豊富。③は認知・発達・社会・臨床の4領域を重視した入門書。初学者への配慮が行き届いており、説明はていねいで、重要ポイントの解説も詳しい。④は1996年の初版以来、改訂を重ねながら、多くの人に読まれ続けている定番の教科書。

1章　感覚と知覚
①北岡明佳（2010）．錯視入門　朝倉書店
②大山　正（2000）．視覚心理学への招待――見えの世界へのアプローチ――　サイエンス社
③石口　彰（2006）．視覚　新曜社

　1章では視覚を中心に「感覚と知覚」に関する解説を行ったので、参考図書も視覚に関するものをあげておきたい。
　①は全頁から錯視の不思議な楽しさが生き生きと伝わってくる良書。錯視についてもっと知りたくなった人は、まず、この本を見てほしい。②は錯視だけでなく、視覚全体をカバーした代表的な教科書。著者は視覚研究の第一人者。③はキーワード心理学シリーズの第1巻。高度な内容も含まれているが、解説はていねいで、初学者にもわかりやすい。

2章　記　　憶
①高橋雅延（2011）．変えてみよう！記憶とのつきあいかた　岩波書店
②サバー，K. 越智啓太・雨宮有里・丹藤克也（訳）（2011）．子どもの頃の思い出は本当か――記憶に裏切られるとき――　化学同人
③太田信夫（編）（2006）．記憶の心理学と現代社会　有斐閣

　①は著者自らの体験や豊富なエピソードをもとに、さまざまな記憶研究の知見をわかりやすく紹介している。②は幼児期健忘の研究から始まり、記憶の再構成的性質、偽りの記憶がもたらす社会的な問題までを扱い、自分自身の記憶とは何かを問いかける。③は記憶研究のいろいろな分野が、実際の社会の場面にどのように役立っているのかを知ることができる。

3章　感　　情
①大平英樹編（2010）．感情心理学・入門　有斐閣
②北村英哉（2003）．認知と感情――理性の復権を求めて――　ナカニシヤ出版
③金井良太（2013）．脳に刻まれたモラルの起源――人はなぜ善を求めるのか――　岩波書店
④ダマシオ，A. 田中三彦（訳）（2010）．デカルトの誤り――情動、理性、人間の脳――　筑摩書房（ちくま学芸文庫）

　①は現在の感情研究を網羅した良書。②は気分に関する研究をわかりやすくていねいにまとめたもの。気分の研究を知りたければ、この本を最初に読んでみるとよい。③は現在ホット・トピックとなっている共感の研究をわかりやすくコン

パクトにまとめたもの。④は臨床研究の知見をふんだんに盛り込んだ名著。全体的には難しいが、本書の冒頭のフィネアス・ゲージやエリオットの事例を読むだけでも価値はある。

4章　思考と知能
①カーネマン,D.　村井章子（訳）(2012).　ファスト＆スロー——あなたの意思はどのように決まるか？——　上・下巻　早川書房
②市川伸一（1997）．考えることの科学——推論の認知心理学への招待　中央公論新社（中公新書）
③村上宜寛（2007）．IQってホントは何なんだ？——知能をめぐる神話と真実——　日経BP社
④ニスベット,R. E.　水谷　淳（訳）(2010)．頭のでき——決めるのは遺伝か，環境か——　ダイヤモンド社

　①は，本章でも取り上げた判断や意思決定に関するカーネマンとトヴァスキーの知見がまとめられた良書。2014年6月に文庫版も発売されている。②は，人の推論の特徴についてさまざまな例題を取り上げ，解説されたもの。確率論が苦手でない人には一読を勧める。③は，知能の測定に関する問題，遺伝と環境の影響，知能に関する近年の理論などさまざまな観点から，知能について全般的に詳しくまとめられたもの。初学者にもわかりやすくていねいに解説されている。④は，知能の遺伝と環境の影響について，特に，学校や文化などの環境が知能に及ぼす影響に焦点を当て，その重要性についてわかりやすくまとめられている。

5章　学　　習
①山内光哉・春木　豊（編著）(2001).　グラフィック学習心理学——行動と認知——サイエンス社
②実森正子・中島定彦（2000）．学習の心理——行動のメカニズムを探る——サイエンス社
③山崎浩一（編著）(2013).　とても基本的な学習心理学　おうふう

　①は5章で紹介したさまざまな学習と，学習に関連の深い記憶，認知までカバーした代表的な教科書。題名の通り豊富な図表が理解を助ける。②は古典的条件づけとオペラント条件づけを重点的に解説した教科書。基礎的な学習のしくみの面白さを知ることができる良書。③は認知的な学習に重点を置いた教科書。社会，教育，発達，臨床といった心理学の諸分野と学習の関連を知ることができる。

6章　モチベーション

①ハルバーソン,H. G.　児島　修（訳）(2013). やってのける——意志力を使わずに自分を動かす——　大和書房
②ドゥエック,C. S.　今西康子（訳）(2008).「やればできる！」の研究——能力を開花させるマインドセットの力——　草思社
③外山美樹（2011）. 行動を起こし、持続する力——モチベーションの心理学——　新曜社

　①は実行意図や自制心などのモチベーション研究の最前線についてわかりやすく紹介したもの。②は暗黙の知能観をベースに、「成長できる」と信じることの大切さを論じた好著。③は内発的動機づけなどの伝統的なテーマについて詳しく述べた概論書。

7章　心の発達

①無藤　隆・岡本祐子・大坪治彦（編）(2004). よくわかる発達心理学　ミネルヴァ書房
②井上健治・久保ゆかり（編）(1997). 子どもの社会的発達　東京大学出版会
③無藤　隆・子安増生（編）(2011). 発達心理学Ⅰ　東京大学出版会
④無藤　隆・子安増生（編）(2013). 発達心理学Ⅱ　東京大学出版会
⑤日本発達心理学会（編）(2012). 発達科学ハンドブック6　発達と支援　新曜社

　①は、発達心理学の多様なトピックが見開き2頁でコンパクトに解説されている入門書。人の発達をどのようにとらえるのか、その視点を知ることができる。②は対人関係を中心とする社会的発達を多面的に解説した良書。③④は、人の発達を発達段階と領域の2軸で整理し、新しい知見も含めて紹介した良書。⑤は、乳幼児期から老年期まで一生涯にわたる発達への支援に関して包括的に述べられた本。

8章　パーソナリティ

①小塩真司（2011）. 性格を科学する心理学のはなし——血液型性格診断に別れを告げよう——　新曜社
②ネトル,D.　竹内和世訳（2009）. パーソナリティを科学する——特性5因子であなたがわかる——　白揚社
③サトウタツヤ・渡邊芳之（2005）.「モード性格」論——心理学のかしこい使い方——　紀伊國屋書店
④榎本博明・安藤寿康・堀毛一也（2009）. パーソナリティ心理学——人間科学、

自然科学、社会科学のクロスロード──　有斐閣

　①は平易な言葉を使いながらパーソナリティに関する全般的な理解を深めてくれる良書。血液型性格診断という私たちにとってなじみの深いテーマを使いながら、パーソナリティに関する多様な知識を付けることができる。②は特性論のなかで現在の主流になっている5因子モデルに焦点を当てた一冊。近年の主流である進化心理学や神経科学の知見とのつながりも見られ、読む側をわくわくさせてくれる。③はパーソナリティを理解するうえで新たな驚きを与えてくれる力作。パーソナリティを学ぶ面白さに気づかせてくれる。④は①～③と比べると少し高度な内容を含んだ一冊。パーソナリティについての理解をさらに深めたいときに、ぜひ挑戦してほしい。

9章　社会的認知
①山田一成・北村英哉・結城雅樹（編著）（2007）．よくわかる社会心理学　ミネルヴァ書房
②池上知子・遠藤由美（2008）．グラフィック社会心理学　第2版　サイエンス社
③山本眞理子・原奈津子（2006）．他者を知る──対人認知の心理学──　サイエンス社

　①は社会心理学や社会的認知の初学者にお薦めしたい入門用の教科書。高校生にも理解できるように書かれているため、この本は最初に読んでみるとよい。②は、自己や他者に対する認知といった、社会的認知のさまざまなトピックについて取り上げられた代表的な教科書。各トピックがわかりやすくまとめられているため、社会的認知について全般的に学びたい人には一読を勧める。③は、印象形成やステレオタイプについてていねいにまとめられた良書。他者に対する認知についてより理解を深めることができる。

10章　社会的影響
①チャルディーニ, R. B.　社会行動研究会（訳）（2014）．影響力の武器　第3版　誠信書房
②ミルグラム, S.　山形浩生（訳）（2012）．服従の心理　河出書房新社
③ラタネ, B.・ダーリー, J. M.　竹村研一・杉崎和子（訳）（1997）．冷淡な傍観者　新装版　ブレーン出版
④今井芳昭（2006）．依頼と説得の心理学──人は他者にどう影響を与えるのか──　サイエンス社

①は社会的影響の6つの分類を紹介した本。それぞれの影響力について、具体的な例を用いながら説明しているので、とても読みやすい。学生だけでなく、ビジネスパーソンにまで広く読まれている。さらに、要約されたコミック版も出版されている。②は有名なミルグラムの実験を自身が語った本。実験の詳細はもちろん、実証の積み重ねで議論が展開していく楽しさを知ることができる。③はラタネらの行った傍観者効果の研究を紹介した本。実際にあった事件から、その心理的なメカニズムをクリアに描き出していく過程を知ることができる。④は対人的影響について解説した書。本書で扱わなかった非意図的な影響過程や、説得プロセスについても述べられている。

11章 心のケア
①岩壁 茂・福島哲夫・伊藤絵美（2013）．臨床心理学入門――多様なアプローチを越境する――　有斐閣
②大野 裕（2003）．こころが晴れるノート――うつと不安の認知療法自習帳――　創元社
③土居武郎（1988）．精神分析　講談社（講談社学術文庫）

①は臨床心理学の全体像がわかる良書。本章で紹介したアプローチのほか新しい心理療法についても解説されている。心理療法の訓練や研究法についても触れられている。②は認知行動療法の考え方をわかりやすく解説しながら、自分で認知行動療法に取り組むことができる貴重な本。③は精神分析の日本における第一人者である著者が、日本人である自分がどう精神分析を理解するか格闘しつつ解説しているこのアプローチの代表書。

12章 心の健康
①R. S.ラザルス講演　林　峻一郎（編・訳）（1990）．ストレスとコーピング――ラザルス理論への招待――　星和書店
②植村勝彦・箕口雅博・原　裕視・高畠克子・久田　満（2012）．よくわかるコミュニティ心理学　第2版　ミネルヴァ書房
③島井哲志・長田久雄・小玉正博（2009）．健康心理学・入門――健康なこころ・身体・社会づくり――　有斐閣

12章では心の健康をストレス理論、コミュニティ・アプローチという視点から紹介した。参考図書はそれらをより詳細に説明しているものをあげておきたい。①はラザルスが来日した際の講演録で、とても読みやすい。②はコミュニティ心理学の概論書で、インターネットにおけるコミュニティ心理学にまで言及している貴重な書物である。③はストレス理論だけでなく、健康心理学全般の内容が

紹介されている。より広範囲にストレス理論やコミュニティ・アプローチを学びたい人に薦めたい。

心理学辞典・心理学事典
①中島義明・安藤清志・子安増生・坂野雄二・繁桝算男・立花政夫・箱田裕司（編）（1999）．心理学辞典　有斐閣
②藤永　保（監修）内田伸子・繁桝算男・杉山憲司（責任編集委員）（2013）．最新心理学事典　平凡社

　心理学を学んでいるときに、意味がわからない言葉や知らない専門用語が出て来たら、直ちに辞典や事典で調べるようにしてほしい（国語辞典のように、用語の意味を説明したものが辞典であり、百科事典のように、事柄の内容を解説したものが事典である）。
　①は情報量と正確さを誇る代表的な心理学辞典。専門家たちのデファクト・スタンダードといってよい存在である。心理学に関わりの深い学部・学科の学生は、1年次に購入し、4年間座右に置くべき辞書である（CD-ROM版も販売されている）。
　②は最新の本格的な事典であり、現代心理学の到達点を示すものである。決してやさしくはないが、「学問」を感じ取ることができる大事典であり、困ったときに頼りになる一冊である。

人名索引

ア 行

相川充（Aikawa, A.） 109
アッシュ（Asch, S. E.） 131
安藤寿康（Ando, J.） 111
ヴィゴツキー（Vygotsky, L. S.） 96
ウィルクス（Wilks, A. L.） 116
ウェクスラー（Wechsler, D.） 55
ウェルトハイマー（Wertheimer, M.） 5
エクマン（Ekman, P.） 36, 40-1
エリクソン（Erikson, E. H.） 89-90
遠藤利彦（Endo, T.） 34
オーマン（Öhman, A.） 35
オルポート（Allport, F. H.） 129

カ 行

カーネマン（Kahneman, D.） 48
カーマイケル（Carmichael, L.） 23
ガルシア（Garcia, J.） 40, 61
北岡明佳（Kitaoka, A.） 5
キャッテル（Cattel, R. B.） 52, 54
キャロル（Carroll, J. B.） 54
クレッチマー（Kretschmer, E.） 103
ゲゼル（Gesell, A. L.） 91
ゴルウィツァー（Gollwitzer, P. M.） 82

サ 行

サーストン（Thurstone, L. L.） 52
ザイアンス（Zajonc, R. B.） 33, 129
シェルドン（Sheldon, W. H.） 103
ジェンセン（Jensen, A. R.） 92
敷島千鶴（Shikishima, C.） 111
シュテルン（Stern, W.） 92
スピアマン（Spearman, C.） 52

セリエ（Selye, H.） 154
セリグマン（Seligman, M. E. P.） 66

タ 行

ターマン（Terman, L.） 55
ダーリー（Darley, J. M.） 135-6
タジフェル（Tajfel, H.） 116, 127
テイラー（Taylor, S. E.） 119
デシ（Deci, E. L.） 76
トヴァスキー（Tversky, A.） 48
ドゥエック（Dweck, C. S.） 79
トリプレット（Triplett, N.） 129
トンプソン（Thompson, H.） 91

ナ 行

縄田健悟（Nawata, K.） 103

ハ 行

パーマー（Palmer, J. C.） 24
バウマイスター（Baumeister, R. F.） 84
パヴロフ（Pavlov, I. P.） 60
バンデューラ（Bandura, A.） 68, 78
ピアジェ（Piaget, J.） 93-5
ビネー（Binet, A.） 54
フォア（Forer, B. R.） 104
藤井勉（Fujii, T.） 109
ブラウン（Brown, J.） 119
ブルーワー（Brewer, M. B.） 114
古川竹二（Furukawa, T.） 103
フロイト（Freud, S.） 89, 140-1, 143
ホームズ（Holmes, T. H.） 156
ホーン（Horn, J. L.） 52, 54

マ 行

ミネカ（Mineka, S.）　40
ミルグラム（Milgram, S.）　133-4

ラ 行

ラザルス（Lazarus, R. S.）　157-8
ラタネ（Latané, B.）　135-6
レイサム（Latham, G. P.）　81
レーエ（Rahe, R. H.）　156

ロールシャッハ（Rorschach, H.）　108
ロジャーズ（Rogers, C. R.）　150
ロック（Locke, E. A.）　81
ロック（Locke, J.）　91
ロフタス（Loftus, E. F.）　24

ワ 行

ワトソン（Watson, J. B.）　92, 144
ワラック（Wallach, M. A.）　126

事項索引

ア 行

IAT　109, 122
アイデンティティ　90
アルゴリズム　44
アンダーマイニング効果　77
暗黙の知能観　79
育児ストレス　161
意志過程　74
維持リハーサル　17
一次感情　31
一次的評価　158
一卵性双生児　110
一般知能　52
遺伝　56, 91
イド　141
意味記憶　20
意味的プライミング効果　20
印象形成の二過程モデル　114
インプリンティング　93
ウェクスラー式知能検査　55
エス　141
エピソード記憶　22
応諾　129
奥行き知覚　9
オペラント条件づけ　63

カ 行

外向性　106
外集団等質性　117
外発的動機づけ　75
学習障害（LD）　97
学習性無力感　66
学習説　91
確証バイアス　47

仮現運動　10
価値　74, 77
活性化拡散　20
カテゴリー化　116
感覚　14
　——運動期　94
　——記憶　16
環境　56, 91
　——閾値説　92
　——説　91
観察学習　68
感情　30
帰属　119
期待　77
　——価値理論　78
機能的固着　45
気分　32
基本感情　31
基本的帰属の誤り　120
記銘　15
逆転移　142
強化（オペラント条件づけの）　64
強化（古典的条件づけの）　60
　——スケジュール　65
共感的理解　149
恐怖条件づけ　37
共変性の錯覚　117
均衡化　94
具体的操作期　95
クライアント中心療法　147
群化　5
経験への開放性　106
形式的操作　95
系統的脱感作　146
結果期待　78
結果の知識　69

結晶性知能　52
顕在記憶　37
検索　16
5因子モデル　105
行為者—観察者効果　120
構成概念　102
行動遺伝学　110
行動主義宣言　92
行動療法　146
効力期待　78
コーピング　159
固定間隔スケジュール　65
固定的知能観　79
固定比率スケジュール　65
古典的条件づけ　60
コミュニティ　160
　——・アプローチ　160

　　　サ　行

最小条件集団　127
錯誤相関　117
錯視　1
三層理論　54
CHC理論　54
シェイピング　64, 147
シェマ　94
自我　141
　——枯渇　83
　——同一性　90
自己意識的感情　32
自己一致　150
試行錯誤　67
自己概念　118
自己決定感　76
自己高揚　119
自己制御　83
自己知識　118
自己中心性　94

——バイアス　121
自尊心　118
実行意図　82
実際運動　10
質問紙法　109
自伝の記憶　22
自動運動　11
自閉症スペクトラム（ASD）　97
社会的学習　68
社会的促進　128
社会的抑制　129
社会文化的アプローチ　96
集団意思決定　126
集団極性化　126
集団式知能検査　55
集中学習　70
主観的輪郭　13
種間普遍性　41
主題統覚検査（TAT）　108
種内普遍性　41
生涯発達　88
消去　60
状況を超えた一貫性　107
条件刺激　37, 60
条件反応　60
正直な信号　39
情緒的サポート　160
情動焦点型コーピング　159
情報的サポート　160
神経症傾向　106
真実性　150
信頼性　109
心理社会的危機　90
図　12
ステレオタイプ　116
ストレス反応　154
ストレッサー　154
スポットライト効果　121
制御資源　83

誠実性　106
成熟説　91
精神年齢　55
精神分析　140
精緻化リハーサル　18
生得説　91
正の転移　70
セルフ・サービングバイアス　121
前意識　140
宣言的記憶　23
潜在記憶　37
前操作期　94
想起　15
相互作用論　106
双生児研究　110
双生児法　56
増大的知能観　79
ソーシャル・サポート　160

調和性　106
貯蔵　16
抵抗　143
手続き記憶　23
デブリーフィング　134
転移　142
転移（学習）　70
投映法　108
同化　94
動機過程　74
道具的サポート　160
洞察　67
闘争　36
逃走反応　36
同調　131
特殊知能　52
特性論　105
トップダウン処理　8

タ 行

代表性ヒューリスティック　49
他者意識的感情　32
妥当性　109
タブラ・ラサ　91
短期記憶　16
単純接触効果　33
地　12
知覚　14
知能検査　54
知能指数（IQ）　55
知能の多因子説　52
知能の二因子説　52
チャンキング　17
注意欠如・多動性障害（ADHD）　98
中性刺激　60
長期記憶　16
超自我　141
調節　94

ナ 行

内集団ひいき　117, 126
内発的動機づけ　76
二次感情　32
二次的評価　158
二重貯蔵モデル　16
二卵性双生児　110
認知行動療法　145
ネガティビティ・バイアス　116

ハ 行

パーソナリティのパラドックス　107
バーナム効果　104
罰　64
発達　87
　——課題　90
　——障害　97
　——段階　89

――の最近接領域　96
　　――臨床　98
般化　61
汎適応症候群　154
反転図形　13
ピア・サポート　161
非自己意識的感情　31
非宣言的記憶　23
ビネー式知能検査　54
ヒューリスティック　44, 104
評価的サポート　160
不安階層表　146
服従　133
輻輳説　92
符号化　16
負の転移　70
部分強化　65
フレーミング効果　51
分散学習　70
文脈効果　8
偏差IQ　55
変動間隔スケジュール　65
変動比率スケジュール　65
防衛機制　141
傍観者効果　135
忘却　18
保持　16
ポジティブ幻想　119
保存の法則　94
ボトムアップ処理　8

マ行

味覚嫌悪学習　62

無意識　140
無条件刺激　37, 60
無条件の肯定的関心　149
無条件反応　60
盲点　11
目標設定理論　81
模倣学習　68
問題焦点型コーピング　159

ヤ行

誘導運動　11
有能感　76
幼児期健忘　22
要請　130

ラ行

ライフイベント　156
ライフサイクル理論　89
流動性知能　52
利用可能性ヒューリスティック　48
臨界期　93
類型論　103
連言錯誤　49
連合　60
連続強化　64
ロールシャッハ検査　108

ワ行

ワーキングメモリ　18

編著者紹介

山田一成（やまだ・かずなり）［1 章］
1990 年　東京大学大学院社会学研究科博士課程単位取得退学
現　在　東洋大学社会学部社会心理学科教授
主要業績
　『心理学研究法 5　社会』（2012 年、誠信書房、共著）
　『聞き方の技術』（2010 年、日本経済新聞出版社、単著）
　『よくわかる社会心理学』（2007 年、ミネルヴァ書房、共編者）
　『社会心理学研究法』（2007 年、福村出版、共編著）
　『心理学研究法』（2004 年、有斐閣、共著）

谷口明子（たにぐち・あきこ）［7 章］
2005 年　東京大学大学院教育学研究科博士課程修了
現　在　東洋大学文学部教育学科教授　博士（教育学）
主要業績
　『心理学研究法』（2012 年、サイエンス社、共著）
　『長期入院児の心理と教育的援助』（2009 年、東京大学出版会、単著）
　『心理学の実践的研究法を学ぶ』（2008 年、新曜社、共著）
　『子どもの育ちを支える教育心理学入門』（2007 年、角川学芸出版、編著）
　『臨床実践のための質的研究法入門』（2007 年、金剛出版、共訳）

著者紹介（掲載順）

原島雅之（はらしま・まさゆき）［2章］
2009年　千葉大学大学院自然科学研究科博士課程単位取得退学
現　在　愛国学園大学人間文化学部人間文化学科准教授
主要業績
　『パーソナリティ心理学ハンドブック』（2013年、福村出版、共著）
　『基礎心理学入門』（2012年、培風館、共著）
　『パーソナリティ心理学概論：性格理解への扉』（2012年、ナカニシヤ出版、共著）

樋口　収（ひぐち・おさむ）［3章］
2011年　一橋大学大学院社会学研究科博士課程修了
現　在　明治大学政治経済学部政治学科専任講師　博士（社会学）
主要業績
　「ダイエット目標が目標／誘惑に関連した対象の非意識的な評価に及ぼす影響」（2012年、心理学研究、共著）
　「解釈レベルと達成目標が将来の予測に及ぼす影響」（2012年、社会心理学研究、共著）
　「達成動機づけと締め切りまでの時間的距離感が計画錯誤に及ぼす影響」（2010年、社会心理学研究、共著）

下田俊介（しもだ・しゅんすけ）［4章］
2011年　東洋大学大学院社会学研究科博士後期課程修了
現　在　東洋大学社会学部非常勤講師　博士（社会心理学）
主要業績
　「日本語版IPANAT作成の試み」（2014年、心理学研究、共著）
　「親密な友人関係における自己評価維持と関係性維持：拡張自己評価維持モデルからの検討」（2009年、社会心理学研究、単著）
　「大学生の友人関係における自己評価維持機制：自己評価維持モデルで予測される感情反応と遂行領域の主観的評価からの検討」（2009年、東洋大学人間科学総合研究所紀要、単著）

武田美亜（たけだ・みあ）[5 章]
2008 年　東京都立大学大学院人文科学研究科博士課程修了
現　在　青山学院女子短期大学現代教養学科准教授　博士（心理学）
主要業績
　『嘘の心理学』（2013 年、ナカニシヤ出版、共著）
　『基礎心理学入門』（2012 年、培風館、共著）
　『自己と対人関係の社会心理学』（2009 年、北大路書房、共著）

竹橋洋毅（たけはし・ひろき）[6 章]
2010 年　名古屋大学大学院環境学研究科博士課程修了
現　在　関西福祉科学大学心理科学部心理科学科講師　博士（心理学）
主要業績
　『基礎からまなぶ社会心理学』（2014 年、サイエンス社、共著）
　『公認モチベーション・マネジャー資格　BASIC TEXT』（2012 年、新曜社、
　　共著）
　『エコトピア科学概論』（2012 年、コロナ社、共著）

本田周二（ほんだ・しゅうじ）[8 章]
2014 年　東洋大学大学院社会学研究科博士後期課程修了
現　在　大妻女子大学人間関係学部人間関係学科専任講師　博士（社会心理学）
主要業績
　「友人関係における動機づけと友人とのコミュニケーションおよび精神的健康
　　との関連」（2016 年、人間生活文化研究、単著）
　『アクティブラーニング型授業としての反転授業：理論編』（2017 年、ナカニ
　　シヤ出版、共著）
　『ライブラリ心理学を学ぶ6　パーソナリティと感情の心理学』（2017 年、サイ
　　エンス社、共著）

小林麻衣（こばやし・まい）[9 章]
2014 年　東洋大学大学院社会学研究科博士後期課程修了
現　在　立正大学心理学部助教　博士（社会心理学）
主要業績
　「学業場面における誘惑対処方略の作成」（2013年、パーソナリティ研究、単著）
　「存在論的恐怖が初対面の異性に対する関係希求反応に及ぼす影響：肉食・草
　　食動物プライミングを加えた検討」（2013 年、東洋大学大学院紀要、共著）
　「ダイエット目標が目標／誘惑に関連した対象の非意識的な評価に及ぼす影響」

（2012 年、心理学研究、共著）

大久保暢俊（おおくぼ・のぶとし）[10 章]
2012 年　東洋大学大学院社会学研究科博士後期課程修了
現　在　東洋大学社会学部非常勤講師　博士（社会学）
主要業績
　「環境配慮行動のコントロール感と平均以上効果」（2013 年、エコ・フィロソフィ研究、単著）
　「第三者の視点取得が社会的比較過程に与える影響」（2010 年、心理学研究、単著）
　「社会的比較による自己評価と対人関係」（2009 年、東洋大学人間科学総合研究所紀要、単著）

小林孝雄（こばやし・たかお）[11 章]
2000 年　東京大学大学院教育学研究科博士課程中退
現　在　文教大学人間科学部心理学科教授
主要業績
　『ロジャーズ辞典』（2008 年、金剛出版、共訳）
　『心理療法がうまくいくための工夫』（2009 年、金剛出版、共著）
　『カウンセリングのエチュード』（2010 年、遠見書房、共著）

浅野憲一（あさの・けんいち）[12 章]
2010 年　筑波大学大学院人間総合科学研究科修了
現　在　千葉大学子どものこころの発達教育センター特任助教　博士（心理学）
主要業績
　『カウンセリングのすべてが分かる』（2010 年、技術評論社、共著）
　"Telephone cognitive-behavioral therapy for subthreshold depression and presenteeism in workplace: a randomized controlled trial"（2012 年、*Plos One*、共著）
　「わりきり志向と感情体験、精神的健康の関連の検討」（2013 年、ヒューマン・ケア研究、共著）

　　　　　　心理学の基礎

2014年11月28日　第1版1刷発行
2017年9月15日　第1版2刷発行

編著者 ── 山 田 一 成
　　　　　谷 口 明 子
発行者 ── 森 口 恵美子
印刷所 ── 新 灯 印 刷 ㈱
製本所 ── グ リ ー ン
発行所 ── 八千代出版株式会社
　　　〒101
　　　-0061　東京都千代田区三崎町2-2-13
　　　　TEL　03-3262-0420
　　　　FAX　03-3237-0723
　　　　振替　00190-4-168060

＊定価はカバーに表示してあります。
＊落丁・乱丁本はお取替えいたします。

Ⓒ2014 Printed in Japan　　ISBN978-4-8429-1641-5